U0691299

低碳经济与
生态文明建设发展研究

付达院　著

中国原子能出版社

图书在版编目（CIP）数据

低碳经济与生态文明建设发展研究 / 付达院著 . ——

北京：中国原子能出版社，2021.6

ISBN 978-7-5221-1428-6

Ⅰ . ①低… Ⅱ . ①付… Ⅲ . ①低碳经济—关系—生态

环境建设—研究 Ⅳ . ① F062.2 ② X171.4

中国版本图书馆 CIP 数据核字（2021）第 111835 号

内 容 简 介

面对资源约束趋紧、环境污染加重以及全球气候变暖等一系列自然生态危机，世界各国都在坚持可持续发展，低碳经济与生态文明建设显得越来越重要。生态文明的必要性在于减少对环境的破坏和污染，低碳经济的必要性是坚持可持续发展，减少对资源的消耗。十九大报告指出：人与自然是生命共同体，要推进绿色发展，建立健全绿色低碳循环发展的经济体系。目前，中国正在努力推行生态文明建设和发展循环经济，而要解决这方面的问题需要系统的理论和科学的方法作指导。本书在介绍发展低碳经济与生态文明背景的基础之上，介绍了低碳经济与生态文明建设的基本理论、实现途径、运行机制、国际经验、制度保障等内容，并对节能减排、低碳生活、低碳城市建设、生态文明指标体系等问题进行了阐述。

低碳经济与生态文明建设发展研究

出版发行	中国原子能出版社（北京市海淀区阜成路 43 号 100048）
责任编辑	张　琳
责任校对	冯莲凤
印　　刷	北京亚吉飞数码科技有限公司
经　　销	全国新华书店
开　　本	787mm×1092mm　1/16
印　　张	13
字　　数	206 千字
版　　次	2022 年 3 月第 1 版　2022 年 3 月第 1 次印刷
书　　号	ISBN 978-7-5221-1428-6　　定　价　78.00 元

网　　址：http://www.aep.com.cn	E-mail:atomep123@126.com
发行电话：010-68452845	版权所有　侵权必究

前　言
Foreword

　　无论是蒸汽机、汽船的发明，家用电器的产生和高铁、飞机等现代交通工具的运用，亦或是电子计算机、航空航天、生物克隆等新一代科学技术的诞生，人类历史上的每一次工业革命都给世界带来深刻的变化。但在科技进步会带来生产力的飞跃发展，人类改造和征服自然的本领越来越强的同时，也会造成诸多的全球性生态环境问题，其中包括温室效应导致生物圈和人类的生存环境频遭威胁，尤其值得世界各国广泛关注。其根本原因在于世界经济发展对煤炭、石油等能源的耗费日益增长，不可避免地导致二氧化碳的排放量与日俱增。在这样的大背景下，"低碳经济"首次出现在英国《我们能源的未来：创建低碳经济》白皮书中，自此成为政界和学术界炙手可热的焦点问题。而纵观世界历史变迁，人类面临的文明危机根源于人类向自然界过度索取。工业文明时期对自然的过度征服所造成的不平衡，最终会在生态文明建设中实现人与自然的和谐共存。基于此，低碳经济与生态文明之间有着千丝万缕的耦合逻辑。随着现代工业发展战略纵深推广与生态问题日益深化解决，研究低碳经济发展与生态文明建设问题具有重大的理论价值和现实意义。

　　本书以低碳经济的内涵及其理论考察为起点，进行农业文明、工业文明与生态文明演进的深入分析，并以为基础探究低碳经济与生态文明建设的耦合及其实现机制，以及低碳经济与生态文明建设评价指标体系，进而在低碳经济发展与生态文明建设的国内国际经验的比较及其借鉴的基础上，结合低碳经济发展与中国特色社会主义生态文明建设，以及低碳经济与生态文明建设的技术制度创新，揭示低碳经济的全球博弈和中国面临的机遇及挑战,并提出生态文明建设的主要矛盾及新时代中国的解决方案。

本书共分为八章:第一章从低碳经济的定义及其内涵出发,对低碳经济作一个简单的文献回顾,然后探析低碳经济的理论基础及其经济学价值,并阐释低碳经济、能源消费与经济增长之间的联系。

第二章从农业文明的历史演进与生态环保思想出发,进一步探讨工业文明危机的生态反思与可持续发展,以及从工业文明到生态文明的转变,最后剖析中国特色社会主义生态文明的逻辑生成及其价值维度。

第三章以低碳经济观念与生态文明价值构建作为起点,分析低碳经济发展与生态文明建设的相似点以及低碳经济发展与生态文明建设的耦合逻辑,最后论述低碳经济发展道路与生态文明建设战略。

第四章首先分别探究低碳经济发展绩效评价及影响因素,以及生态文明绩效评价体系与考核制度,然后以此为基础研究低碳经济发展与生态文明建设综合评价指标体系设置的原则、选择及其实施方法。

第五章系统回顾和比较美、英、日、德等发达国家低碳经济转型的实践及其对中国的经验借鉴,并集中分析瑞典、丹麦、英国、荷兰、韩国等国外生态文明典型模式,以及库里蒂巴、哥本哈根、美国伯克利、埃尔兰根、瑞典马尔默、北九州、怀阿拉、新加坡等生态文明样板城市,并以选取节能减排、污染治理、环境质量等指标,采用改进的熵权法来确定生态一体化指标权重,对长三角生态一体化程度进行评价,并基于杭绍甬、苏锡常、广佛肇等城市群的实证测度,提出长三角地区生态一体化治理策略。最后,在大数据的基础上提出了农业生态发展趋势判断模型,利用层次分析法确定农业生态发展趋势指标权重,建立农业生态发展趋势评估模型,通过灰色预测模型预测农业生态发展趋势,并基于预测结果来判断农业生态发展趋势。

第六章以新中国 70 年生态文明建设的实践与探索为分析起点,探讨低碳经济下生态效率提升面临的困境与优化路径,并在剖析生态文明时代的发展范式转型与低碳经济发展道路的基础上,解读低碳经济与生态文明融合发展及其政府责任问题。

第七章首先分析技术创新推动低碳经济发展的机理及实践,紧接着探究低碳技术范式与生态文明构建之间的联系,最后基于低碳经济与生态文明建设的制度保障,提出中国生态文明体系的创新对策。

第八章进行中国低碳经济与生态文明建设的反思与前瞻,重在低碳经济的全球博弈和中国面临的机遇及挑战,并提出生态文明建设的主要矛盾及新时代中国的解决方案。

生态文明不仅在理论上为低碳经济提供了有效指导,在实践上也为低碳经济的快速发展提供了重要支撑。发展低碳经济和建设生态文明是经济社会高质量发展的主流方向,低碳经济是我国生态文明建设的战略选择。在新的经济形势下,低碳经济发展与生态文明建设相得益彰。在2020年第七十五届联合国大会上,习近平总书记庄严承诺,中国采取强有力的节能降耗举措,力争2030年前二氧化碳排放达到峰值,2060年之前实现碳中和。完全可以预见,中国将在未来相当长的一段时期内,都会始终将低碳经济发展和生态文明建设摆到经济社会发展的重要战略地位。希望本书中低碳经济与生态文明的耦合及其实现机制的研究和低碳经济发展与生态文明建设综合评价的分析,以及基于杭绍甬、苏锡常、广佛肇等城市群的实证测度的长三角区域生态一体化治理策略研究的探究,以及基于大数据的农业生态低碳发展趋势判断等内容,能够对于促进低碳经济发展与生态文明建设的深入研究和政策实施起到抛砖引玉的作用。

付达院

2021 年 3 月 15 日

目 录
Contents

第一章

低碳经济的内涵及其理论考察

工业革命确实带来了世界范围内的生产力的大发展，但这种经济模式过度依赖化石能源消费，因而全球气候变暖等生态环境问题接踵而来。为了应对这一问题，国际社会相继签署了一些关于气候方面的公约或协议，比较著名的有《联合国气候框架公约》《巴厘岛路线图》以及《京都议定书》等。在这样的大背景下，"低碳经济"首次出现在英国《我们能源的未来：创建低碳经济》白皮书中，由于这是世界上第一份涉及低碳经济概念的正式官方文件，自此成为政界和学术界炙手可热的焦点问题。作为一个在经济实践中不断摸索的世界性课题，低碳经济概念有着多个不同角度的理解，但至今仍很难有国际公认的计量标准和学科体系。基于此，本章从低碳经济的定义及其内涵出发，对低碳经济作一个简单的文献回顾，然后探析低碳经济的理论基础及其经济学价值，并阐释低碳经济、能源消费与经济增长之间的联系。

第一节 低碳经济的定义及其内涵

如何促进经济可持续增长和应对长期气候变暖趋势是当今世界面临着的双重难题,而这两个难题能否结合在一起,并在世界各国共同努力之下加以解决,我们目前仍然很难找到其中的症结所在。尤其在席卷全球的新冠肺炎疫情下,这两个问题的答案变得更加扑朔迷离。但经济增长是否可持续,气候变化是否可以向良性的方向发展,其中不可回避的一个关键词就是"碳"。

一、从低碳到低碳经济

(一)低碳

为了衡量一个经济体的效率水平的高低,经济学上经常用"碳生产力"指标,即每一单位碳当量的排放所对应的国内生产总值。如果碳生产力提高了,也就意味着生产一定量的社会财富,现在用到的物质和能源消耗变得更少了。因此,这一指标尤其适宜于经济发展水平相近的国家或地区之间经济可持续发展能力的横向比较。

对"碳"的理解,有广义与狭义两种不同角度。从广义上来讲,根据《京都议定书》的限定,"碳"指的是二氧化碳(CO_2),甲烷(CH_4),氧化亚氮(NO_2),氢氟碳化物($HFCs$),全氟化碳($PFCs$),六氟化硫(SF_6)等六种强制减排的温室气体。其中,前三种在自然界中本来就存在,而后三种是人类生产生活所带来的。当然,其中还要考虑到这些气体的来源、稳定性及其对全球气温升高的影响程度的大小,以及其他国际公约中的有关条款。从狭义上来讲,"碳"仅指二氧化碳(CO_2)这一种温室气体,其原因在于二氧化碳是导致全球气候变暖的最大贡献者。其中,化石能源燃烧产生的二氧化碳占据主要地位,其次是土地利用与土地覆盖变化所引起。而相比较而言,海洋和陆地生物圈吸收二氧化碳的能力不足,大气中的二氧化碳浓度的增长就不可避免了。正因为如此,国际能源署(IEA)、世界资源研究所(WRI)、美国能源信息管理局(EIA)等国际权威机构经常通过运用二氧化碳的排放量来测算温室效应。

一般来说,一个国家或地区可以通过技术或市场两种途径来减少碳排放。前者通过新能源、生物碳汇等技术创新手段削减温室气体排放强度,致力于从根本上消除碳排放的来源;后者允许先进国家依托"清洁发展机制"(CDM)原则,用低碳技术援助向后发国家换取二氧化碳排放权,致力于在短期内降低碳排放的总量。低碳实际上就是遵循可持续发展理念,通过转变经济发展观念、推动产业转型升级、引导技术及制度创新等多重手段达到降耗减排的目的,从而实现经济发展和生态环保的双向良性发展。相应地,对于"低碳排放"的理解可以有如下三种不同角度,其一是以国际公平原则为依据,主张低碳排放意味着碳排放量的绝对数量的减少,因为世界各国都应承担自身的减排义务。其二是以人际公平原则为依据,认为在适当保障发展中国家经济发展和碳排放的基础上,削减发达国家碳排放的奢侈行为。其三是仅仅将碳排放作为要素投入,因而只需要进行温室气体排放量的增量与经济产出的增量之间的比较,如果前者小于后者,即为低碳排放,显然这一角度遵循资源投入与产出的成本效益原则。综合以上三种不同角度,可以归纳并得出以下结论:在低碳发展的核心内涵中,正因为经济社会发展水平不同的国际或地区,其对应的节能减排义务和责任也应该有所区别,所以碳排放有相对和绝对两种含义。对于发展中国家来说,由于生活水平提升和解决贫困、饥饿等现象的人文发展的基本需要仍未得到充分改善,因此如果一个国家或地区在经济增长的情况下实现了碳排放的相对降低,则可以视为低碳排放;但对于已经实现经济和人文高度发展的国家来说,在如今日益紧缺的全球排放空间中,应当履行减排义务以实现碳排放总量的绝对数的下降。

(二)低碳经济

尽管英国政府2003年在其发表的能源白皮书中提出了"低碳经济"的概念,并迅速被世界多个国家所认可,但是并未给出一个清晰的界定。低碳经济到底是一种经济形态还是一种发展模式,或是二者兼而有之,国内学术界和决策者亦尚未有明确共识。一种代表性的观点认为,低碳经济是在一定的碳排放约束下,碳生产力和人文发展均达到一定水平后出现的一种经济形态,目的是实现控制温室气体排放的共同目标。而低碳经济中的"低能耗"这一世界共同愿景的达成主要依托两大途径:其一是降低石化能源比重和优化能源消费结构;其二是进一步减少能源消费总量。由于碳排放源包括自然排放和人类活动两种诱因,而后者被认为是碳排放增加的罪魁祸首,因此低碳经济发展中的"低能耗"的实现必然依赖于降低人类活动增加引起的碳排放增量。

世界各国经济发展水平不尽一致,因此其碳排放的阶段性特征各有不同,经济学上通常用"脱钩"指标来表示。实际上,"脱钩"指标即为碳排放增长率和 GDP 增长率之间的比值。很显然,若是经济正增长,"脱钩"指标如果下降了,就意味着相对于 GDP 的增长而言,碳排放的增长率变得更低了,也就是一定程度上实现了低碳高增长目标。发达国家追求碳排放的绝对量的下降,即低碳经济转型中的绝对脱钩;而发展中国家追求碳排放弹性的降低,同时保持经济持续稳定增长,而这一理想化的轨迹需要政府及企业的共同努力。从某种意义上来说,向低碳经济转型的过程实际上就是低碳发展的过程,尽管世界各国都会追求低碳高增长目标,但是经济发展水平的异质性导致其具有显著的阶段性特征,因此低碳发展对于不同国家或地区具有不同的意义所在。

与低碳的概念相对应,低碳经济也可以从广义和狭义两种不同角度加以解释。广义的低碳经济是以低投入换取高产出的经济发展模式的代名词,关注的是经济中所有资源的利用问题,其长期目标是实现人类的长期可持续发展。而狭义的低碳经济指的是以"低能耗、低排放、低污染"等"三低"为特征的经济发展方式,仅仅关注"碳"本身,其短期目标是更好地维持生物圈碳平衡,解决人类当前面临的气候变暖难题。在某种程度上,狭义的低碳经济倡导的短期目标,仅仅是广义低碳经济发展中亟待实现的终极目标之一。因此,综合而言,低碳经济的目的是应对气候变化,实现可持续发展。低碳经济的核心是降低区域高碳能源消耗,减少全球温室气体排放量。实现低碳经济的关键是产业升级、技术迭代和能源革命,低碳经济发展不仅是一个与经济、社会、环境、技术等因素相联系的综合性问题,也是一场涉及国家发展权益、公民价值观念和生产生活方式的全新变革。

从可持续发展的角度看,低碳经济是一种能够尽可能降低煤炭、石油等高碳能源消耗率以大幅减少温室气体排放,从而实现经济社会发展和生态环境保护双赢的经济发展形态。在发展过程中,低碳经济主要利用技术创新手段、制度创新手段、产业转型升级及新能源开发和利用。从碳循环的角度看,低碳经济是一种由高碳能源向低碳能源转变的经济发展模式。它是人类的一种自助行为,旨在修复地球生态系统的碳失衡。其根本目标是减少经济发展对生态系统碳循环的影响,积极促进经济发展的碳中性,从而最大限度维护生物圈的碳平衡。从能源角度看,低碳经济发展的重点领域是提高能源利用效率和优化清洁能源结构。低碳能源是低碳经济发展顺利进行的基本保障,而低碳经济的关键环节是清洁生产和节能降耗。从技术角度看,低碳经济是以市场机制为基础,运用节能降排、可再生能源、温室效应等各种低碳技术推动整个社会经济向高能效、低能耗、低碳排放模式转变。

低碳经济发展中需要关注以下五个问题:其一是优先注重环境目标。尽管经济增长对一个国家和区域的重要性不言而喻,但是不能以环境污染为代价,应该强调经济高质量发展和环境优化提质。其二是适当关注经济性诉求。低碳经济发展并非一味排斥市场经济规律,但不能片面追求低成本和高收益,应该强调经济发展、环境友好和资源节约的共赢。其三是重视低碳技术的支撑作用。从根本上来说,能源利用效率提升和能源结构优化很大程度上依赖于键能减排技术研发和新能源开发,因此技术研发和应用是低碳经济发展的重要基础。其四是战略性选择问题。由于温室气体排放导致的气候变化对人类的影响巨大,为了子孙后代的生存和长远利益,就必须割舍眼前的经济利益,这就需要人类调适自身的能源消费和生产生活方式,这是一个适应全球生态变化的长期战略转向。其五是全球化共同行动。地球生态系统是一个整体,温室气体排放和气温升高涉及到全人类的共同生存权利,因此每个国家和公民都有节能减排和保护环境的义务,这就需要世界各国加强低碳经济合作。

二、低碳经济、循环经济及绿色经济等概念的辨析

(一)低碳经济与循环经济

循环经济是以生态学规律为依据,重新构建能量和物质循环,将经济系统和生态系统有效融合,对环境中的资源和废物加以循环利用,从而形成的一种新的经济形态。在循环经济运行中,实现了资源到产品,再由产品到再生资源的过程,达到了资源和能源重复再利用的目的,并

且整个过程运用清洁生产技术,这样就可以提高生态效率。循环经济的特点如下:其一是开采环节实行源头控制,尽可能降低资源的消耗量;其二是使用环节提高利用率和循环使用次数,以尽可能提高资源使用效果;其三是排放环节减少有害物质物数量,尽可能清洁推出和零污染。

循环经济遵循以下三个原则:其一是遵循减量化原则,即不依靠末端治理,而偏重源头预防。通过生产工艺流程设计、改造的优化,保证更少的资源进入企业生产和公众消费环节,自然也就有利于减轻资源浪费的可能性和废弃物、污染物治理难度。譬如在将光纤技术应用于电话传输,从而减少对铜资源的使用量;减少一次性产品和使用量,杜绝产品过度包装,倡导全社会养成使用耐用产品和可回收产品的习惯,从而减少垃圾处理造成的社会压力。其二是遵循再利用原则,即实现资源的多次或者多样化利用,尽可能延长资源的寿命,防止具有使用价值的产品过早变为废弃物,这也是一些发达国家提倡购买二手产品和减少报废数量的原因。其三是遵循资源化原则,即采取完全还原或者重新改造两种方式来完成循环经济的闭路,前者资源化之后跟原来产品具有相同的功效,后者资源化之后形成一种具有新的用途的其他产品,从而实现最大限度地提高资源利用效率。

低碳经济与循环经济的相似之处在于:其一是经济理念和理论基础相同,他们都是以可持续发展理论和生态经济学为理论支柱;其二是技术革新都在两者的发展中起到举足轻重的地位,循环经济尤其重于清洁生产技术和循环利用技术的结合使用,而低碳经济特别倚重节能减排技术的升级换代;其三是两大经济模式都与生产和消费环节密切相关,本质上都注重低能耗和低排放,前者更加强调"三率"——利用率、回收率、循环使用率,而低碳经济更加重点关注人类经济活动中过程中的碳消费和碳排放量。

(二)低碳经济与绿色经济

绿色经济又被称为"可承受经济",是由英国经济学家皮尔斯首次提出,并由皮尔斯加以拓展,意为"自然界能力承受范围之内的经济发展"。紧接着,国际绿色经济协会进一步以产业经济的视角深化了绿色经济的内涵,将其定义为以循环经济和低碳经济为基础、强调经济、社会和环境协调发展的新经济模式。联合国绿色工作报告强调通过融入市场机制来降低环境污染风险和保护生态物种多样化,从传统污染末端治理向主动发展绿色投资转型,从而更多地将绿色经济与实体经济相结合。联合国开发计划署将绿色经济界定为协调和平衡人类福祉、社会公平和环境生态危机三者之间关系的经济。尽管绿色经济的概念各异,但其中一个共同点是,都提倡不能以环境牺牲为代价来达到经济增长的目的。

绿色经济涉及两个重点领域。其一是传统产业的绿色化改造,即通过使用先进机械设备和利用先进工艺技术,实现污染物排放量的降低和原材料的高效利用,从而降低生产环节排污排废对生态环境造成的压力。正因为如此,很多时候可以进行绿色化改造的传统产业划归到绿色经济的范畴。其二是环境友好产业的开发,包括有机农业、新能源产业等。因此,从某种意义上而言,绿色经济涵盖的范围更广。因为绿色经济关注所有与生态环境有关的经济主体的行为,而不仅仅针对引起气候变化的环境问题。

综上所述,绿色经济、循环经济和低碳经济均源于可持续发展理念,认为经济发展不能以牺牲环境为代价,应进行清洁生产、减少浪费、提高效率。因此,这三个概念在本质上是一致的。此外,绿色经济、循环经济和低碳经济的发展需要全社会的共同为之努力,其实施层面基本相同。三者之间的区别无外乎两点,其一是研究视角存在差异,即循环经济强调资源的循环利用以提高资源利用效率,绿色经济主张人和自然之间的和谐相处,而低碳经济着眼于碳排放量和气候变化。其二是研究范围存在不同。绿色经济不仅范围最为广泛,而且其内涵也最为抽象,而循环经济和低碳经济范围稍微窄一些,并且相互有些重叠,见图1–1。

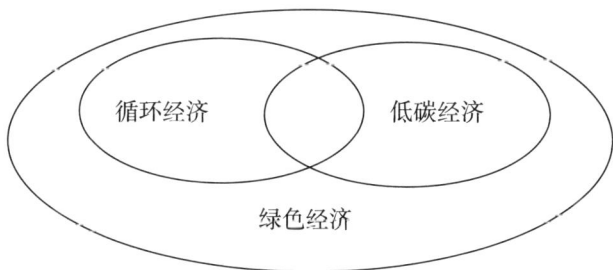

图1–1 低碳经济、循环经济及绿色经济的关系

第二节 低碳经济：一个简要的文献回顾

一、国外低碳经济的相关研究

"低碳经济"概念自英国2003年首次提出到现在已经有近二十年时间,但学术界对低碳经济进行专门研究却集中在近十年。由于越来越多的石化能源被应用于经济发展,导致二氧化碳排放量大幅增长,从而加剧温室效应的严重程度,再加上世界经济贸易格局动荡导致国际能源市场起伏不定,因此低碳经济发展备受世人关注。国外关于低碳经济的研究主要沿着以下三条路径展开。

其一是研究碳排放和节能减排。Treffers（2005）等探究了德国的节能减排对经济持续稳定增长的意义,并提出德国实施节能减排的路径和策略。Andrew（2010）提出碳税在改进碳排放量中发挥的作用,这样可以运用市场自发调整以使碳减排居于合适范围。特别是学术界研究对政策推动起到重要作用,丹麦等欧洲国家于2014年通过旨在实现减排目标的《气候法》,低碳经济发展有了更强有力的制度保障。

其二是研究低碳经济的驱动因素。此研究主要基于环境规制和创新驱动等两条主线。前者主要通过能源结构优化、产业转型升级等途径达到降耗减排的目的,从而实现低碳经济发展和宏观经济可持续增长。后者则主要通过技术革新和制度创新改善温室气体排放效率,从而在实现碳减排的基础上达到经济增长目标。KojiShimada等（2007）指出,技术创新可以有效应对气候变化,低碳技术的合理利用可以补救人类活动造成的环境破坏。Abedeen. Mustafa Omer（2007）也赞成技术创新对环节严重温室效应及促进低碳经济发展中的巨大作用。Moshiri 和 Aliyev等（2017）认为这里会存在"杰文斯矛盾",即技术进步有利于提高能源利用效率,而随着经济发展水平提升和能源利用效率的提高,会导致能源使用总量的飙升,进而带来更多的环境污染,也就是产生了技术进步、经济发展和环境保护之间的悖论。

其三是研究低碳经济发展路径和对策。Foxon 等（2008）提出各国执行低碳经济政策应结合该国的国情，并与该国经济发展和工业发展水平相适应。Vanessa Rauland（2015）认为促进低碳发展必须从抓好生产端和消费端，实施好碳交易制度，城市发展和脱碳必须齐头并进，这样每个国家都愿意成为低碳经济发展的先行者，对减缓世界气候变化作出更大的贡献。Rebecca J. Thorne（2016）认为温室效应、空气质量与公共卫生密切相关，基于公众潜在的健康利益以及经济社会可持续发展可行性分析，低碳经济发展战略需要与可再生能源、碳捕获和碳封存等高新技术结合起来。

此外，国外主要运用投入 – 产出模型、VAR 模型及碳脱钩理论等对低碳经济发展水平评价的研究。"脱钩"被定义为在经济增长的前提下，经济增长率超过 CO_2 排放增速的现象，碳脱钩经常被用来说明一个国家或区域经济增长和 CO_2 排放增量之间的关系。DavidGray（2006）以苏格兰为研究对象，重点探究了该国交通运输、经济增长与碳排放量之间的脱钩问题。UgurSoytas（2007）利用 VAR 模型研究美国碳排放和能源消耗之间的关系，认为能源消耗是造成碳排放的格兰杰（Granger）成因之一。Salvador Enrique Puliafito（2008）在对碳排放的影响因素研究中运用了 Lotka-volterra 模型，得出碳排放量和人口的增加成正比的结论。Jyoti Parikh（2009）应用投入—产出模型研究印度低碳经济发展，采用多个生产和家庭部门的碳排放量数据进行系统测试，发现生产部门和家庭是印度二氧化碳的主要来源。DagoumasA. S. 和 Barker T. S.（2010）联合研究英国的碳减排的发展路径时采用了宏观经济 E3MG 混合模型，并分析评价英国经济发展和环境质量在不同碳减排情况下受到的损害。UgurSoytas 等（2007）研究低碳经济的相关指标，优先选择国内生产总值、劳动力、CO_2 排放量、能源消耗、固定资本等指标进行实证分析，发现能源消耗是对碳排放贡献率最大的指标。Salvador Enrique Puliafito 等（2008）研究人口指标与碳排放量之间的关系，发现人口数量与碳排放量成正相关。

二、国内低碳经济的相关研究

国内对低碳经济的研究主要针对以下四个方面。

其一是低碳经济的内涵及其特征。庄贵阳（2005）认为低碳经济的本质在于探究能源的使用及其效率问题，因此减排的重点在于调整能源结构及优化利用方式，这样才能实现经济社会可持续发展。陈浩和付皓（2013）认为区分低碳经济、循环经济、生态经济等相关概念的作用在于剖析其本质，从而为实现解决碳排放问题和促进经济增长的双重目标找到合适途径。

其二是低碳经济的多视角研究。李兴涛（2013）从经济学角度分析低碳经济给经济社会带来的影响，认为低碳经济会导致人类生产方式、生活方式、价值观等方面的巨大变化，可以大大提高人类的生活质量，提高生态系统的自我调节能力。邓泽林（2014）从伦理学角度研究增强人类的低碳意识的途径，使人类认识到生态环境保护的重要意义，低碳经济发展不仅要重视科技发展，更要树立居民的"低碳"价值观。此外，近年来国内多位学者提出了针对碳排放回弹效应的实证研究。胡宗义等（2019）基于2006—2017年中国省级面板数据，定量评价了省级碳排放的反弹效应。结果表明，我国碳排放的反弹效应总体呈下降趋势，沿海地区的反弹值高于内陆地区，表现出较强的区域差异性。

其三是探索低碳经济发展途径。第一，学者们认为制度创新是低碳经济发展的重要途径。郑洁、翟胜宝（2011）认为，可以将低碳经济政策与税收等经济政策相结合，通过税收优惠鼓励低碳经济活动。罗晓芳（2016）通过对现有制度体系的研究，认为以现有制度体系在实施低碳经济的过程中难以取得成效，低碳经济发展模式是大势所趋，推进制度创新迫在眉睫，需要进一步研究完善机制并形成制度体系。第二，技术创新是实现低碳经济的重要抓手之一。王灿和王珂（2008）认为，技术创新是可持续发展框架下减少温室气体排放的主要途径之一。要加快发展低碳经济，就要加大对低碳技术研究的投入。夏太寿、李书涵（2018）在研究低碳技术及其推广模式时提出，我国应加强技术推广，加快低碳技术成果在生活中的应用。第三，根据本地区低碳经济发展的实际情况，制定一系列促进低碳经济又好又快发展的规划。任立（2009）认为，中国低碳经济发展不仅需要加强能源技术和低碳技术创新，还要考虑调整产业结构和完善经济制度，建设碳交易市场并充分发挥市场活力。贾林娟（2014）认为，低碳经济发展阶段受多种因素影响，人们的环保意识、产业结构调整等途径是实现低碳经济发展的重中之重。

其四是低碳经济发展水平的综合评价。陈飞（2009）在研究城市低碳经济发展时,采用了碳排放系数对城市的低碳发展成果进行评价。何毅(2011)在研究城市低碳经济发展时,运用因子分析法研究了江西11个地级市的低碳经济发展水平,并提出了促进该省城市低碳经济发展的对策建议。蒋正平、张伟雷(2012)在构建一套基于省级的低碳经济评价体系时,运用层次分析法对我国30个省级区域进行了评价和分类。研究表明,我国低碳能源和清洁能源总体发展仍显不足,必须加快低碳技术研发力度并提升能源利用效率。郑伟(2014)运用综合评价指标体系对中国低碳经济发展水平进行了评价,并在此基础上研究了中国低碳经济发展的瓶颈。潘文彦、王宗军(2016)根据包括"驱动力 - 压力 - 状态 - 影响 - 响应"等DPSIR五因素模型框架,构建了低碳经济综合发展水平评价指标体系,并运用KPCA对我国30个省(区、市)的低碳经济进行了综合评价。施学飞、孙宇、崔茵(2018)在研究天津市低碳经济发展时,运用主成分分析和熵的方法建立了低碳经济评价模型并得出实证结果,低碳环境水平、低碳产业和居民生活水平是影响天津市低碳经济发展水平的主要因素。

综上所述,国内外学者对低碳经济的研究取得了一定的进展。国外研究领域主要集中在碳减排、低碳经济的驱动因素、低碳经济发展路径和对策等方面。国内的研究主要集中在低碳经济的内涵及其特征、低碳经济的多角度研究以及探索低碳经济发展途径等方面。在低碳经济的研究上,国内外实际上有许多相似之处,只不过研究深度略有差异。节能减排仅仅是低碳经济发展的主要理念之一,制度创新和技术进步是低碳经济发展的重要支撑。总体而言,由于低碳经济发展所涉及面广,因此更需要一种跨学科的研究思维。目前国外学者较少有针对低碳经济综合评价体系的专门研究,一般都是通过对需要研究的具体经济问题,设计相关模型进行检验和分析。相比较来说,国内较多对低碳经济综合评价体系的专门研究,一般采用层次分析法、主成分分析法、综合评价法和熵权法等多种统计分析方法,对国家或区域低碳经济发展水平进行综合评价。这种"专项"综合评价在我国的最大优势,就是以量化的角度反映区域低碳经济发展水平,进而为完善现有低碳经济体系和制定发展相关政策服务。但总的来说,目前国内外对低碳经济发展水平评价的研究仍显薄弱,特别是评价方法也相对有限,低碳经济指标体系建设也存在诸多不足,指标体系中考虑的因素有待进一步优化和完善。

第三节　低碳经济的理论基础及经济学价值

进入 20 世纪,国内生产总值这个概念的诞生以及"新古典综合论"的推崇似乎将人们对经济学的理解带进了一个误区,即经济学就是研究如何增进一个国家或区域 GDP 的显学。但必须关注的是,在过去的一个世纪里,随着工业的全球化推进,化石燃料的消耗量和二氧化碳的排放量迅速增加造成了全球变暖等灾难,让人们逐渐对经济社会发展进行深刻反思。实际上,在魁奈、西斯蒙迪等经济学家的早期著作中就隐含着政治经济学是属于世界经济学的范围,经济学的使命是造福全人类的思想。他们认为政治经济学应该研究社会中大多数人的福利,而不是只考虑少数人的财富问题。这些经济学研究中的全球化思维可以看作是"低碳经济"的思想源泉。低碳经济学是以福利经济学、可持续发展理论、激励理论和产业结构理论等经济学理论为基础,通过构建自身的理论体系,而逐步发展起来的一门独立学科。

一、低碳经济的理论基础

(一)福利经济学理论

福利经济对低碳经济学基础理论的主要贡献体现在环境的经济效应上。在企业生产过程中,企业所依赖的生产资源包括企业自身的资源和通过市场交换获得的资源。此外,企业还有相当一部分资源来自公共社会环境。由于来自公共社会环境的资源具有开放性和共享性,因此政府的协调作用有时会起到重要的调节作用,并在社会环境中充分发挥资源的价值。此外,与环境污染相反,环境保护具有相当大的正外部性。因此,在追求经济高质量发展的背景下,如果一个经济体更加注重生态环境保护,那么这个经济体就能够取得更大的经济效益。基于社会福利理论,保护经济发展的生态环境是提高社会福利的有效途径之一。

（二）可持续发展理论

可持续发展思想强调现有资源利用不仅要满足当代经济发展的需要，而且要为经济社会的可持续发展提供充足的储备。同时，可持续发展理论应高度重视环境保护问题，尤其是在当前全球气候变暖趋势加重和多种自然灾害频繁发的状况下，环境保护已成为全球关注的热点之一。可持续发展要求在经济社会发展过程中，需要更加充分地考虑生态系统是否具有相应的承载能力。人类在通过经济活动达到积累财富目的的同时，应该承担地球生态环境保护的应尽责任，在可持续发展理论的指导下合理利用自然资源，尽可能降低对人类经济社会可持续发展的负面影响。可持续发展理论中资源的有效利用和生态保护理念，也为"低消耗、低排放、低污染"的发展理论提供有益支持。

（三）激励理论

作为一种经济发展理论，为了实现组织的目标，激励理论认为应采取有效的方式和手段来激发员工的积极性，使他们从满足需要的角度采取相应的行动。激励理论主要是通过影响员工的需求来激发员工的内在动机，使员工的行为与组织的目标相一致，激励员工采取积极的行动来实现组织的目标。激励理论作为低碳经济的基础理论，侧重于如何采取有效政策和组织制度来激励低碳生产方式的选择和生产，特别是通过政府的政策引导和配套支持，通过政府的各项制度框架和标准来推动低碳生产方式在社会经济中的流行。就目前而言，碳排放标准被广泛采用就是很好的例证。

（四）产业结构理论

产业结构理论也是低碳经济的基础理论之一，主要体现在大力发展环保节能产业，已成为许多发达国家新的经济增长点。目前很多国家产业转型升级遭遇瓶颈导致生态环境压力巨大，经济中面临的不确定风险越来越多。在这样的背景下，环保及节能减排产业发展趋势良好，并且成为许多国家的经济增长点，在国家或地区产业结构中发挥越来越重要的作用。如何继续发挥低碳环保产业发展的巨大优势，带动和促进区域整体产业结构的优化，是产业结构理论关注的重要内容，也是低碳经济研究的重点问题之一。

（五）脱钩理论

脱钩理论是经济合作与发展组织（OECD）提出的一种基本理论。

根据这一理论,当经济发展到一定程度时,经济增长与资源消耗或环境污染之间的联系可能会被阻断。碳排放脱钩是一个理想化的过程,在这个过程中,经济增长和温室气体排放之间的关系正在减弱甚至消失。也就是说,在实现经济增长的同时,碳排放也在逐步减少。当经济增长的条件下,CO_2 排放量的变化与经济增长的关系不再是同向或等速发展,即 CO_2 排放增长率为负或小于经济增长率,即可视为碳脱钩。其实质是意味着,经济增长不再会以资源的过度消耗和环境的急剧破坏作为代价,因为这样的发展将不会持久。经济学家经常利用碳排放对经济增长的弹性大小来反映碳排放的脱钩程度,而脱钩理论已成为低碳经济的基本理论之一。

(六)外部性理论

1890 年,马歇尔在《经济学原理》中首次将"外部性"定义为由于非企业内部因素的变化而导致的生产成本的降低。马歇尔认为,外部性来源于外部因素对企业的影响,这也促使人们思考一个企业的行为将如何影响其他经济行为主体。在此基础上,庇古扩展了"外部不经济"的概念和内容,完善了外部性理论,使外部性的研究准确到企业行为对其他经济行为主体的影响。由于"高能耗、高污染、高排放"的企业在生产过程中排放大量二氧化碳,导致全球变暖的加剧,进而影响生态环境和人类生活。在外部性理论的研究中,庇古环境污染称为负的外部性。1920 年,庇古在《福利经济学》一书中提出了消除外部性的方法。他提出,在负外部性的情况下,对污染企业征收污染控制税,将污染成本计入产品价格,使得企业承受治污成本;在正的外部性的情况下,对企业给予适度补贴,使得企业能够享受到外部利益。通过这种补贴和税收等市场手段,可以有效地实现资源的优化配置。

二、低碳经济及其相关理论的发展

以下阐述低碳经济与生态经济、绿色经济、循环经济理论,低碳经济与气候经济学理论,低碳经济与资源环境经济学理论等相关理论的新发展。

(一)低碳经济与生态经济、绿色经济、循环经济理论

在其发展过程中,低碳经济理论逐渐与生态经济理论、绿色经济理论、循环经济理论相融合和发展。生态经济学由生态系统与经济系统

相结合而形成,并在生态学与经济学的交叉融合中得以发展;绿色经济强调生态环境与经济平衡发展的经济思想,倡导绿色环保理念;循环经济强调资源的循环利用以及人与自然的和谐共处,并认为经济发展要遵循自然发展规律。上述三种理论相生相融,共同促进低碳经济"低消耗、低排放、低污染"基本经济思想的形成和完善,共同强调保护环境和资源之间的平衡。然而,在指导经济发展的具体经济理论中,它们又具有不同的侧重点。

(二)低碳经济与气候经济学理论

气候经济学是气候学与经济学相结合的经济学理论。在当前经济发展中,气候对经济的典型影响是全球温室效应。随着经济的发展,石化等能源的消耗量不断增加,大气中的碳含量过高导致全球变暖,而这一趋势对经济发展的负面影响日益突出,气候经济学越来越关注全球变暖与经济发展之间矛盾的研究。而低碳经济学的更侧重于寻找创新举措来减少碳排放和温室气体。因此,它广泛借鉴气候经济学的相关理论,促进自身理论体系的优化和完善。

(三)低碳经济与资源环境经济学理论

资源环境经济学主要研究资源、环境与经济的协调发展问题。作为经济发展的基本条件,资源一直是经济学理论研究的重要对象,而重点就在于研究资源的优化配置和利用,以实现资源价值的最大化。同时,资源也是经济发展的基本要素,但各种环境系统所产生的资源并不是无限的,相反随着经济发展的推进,资源短缺问题日益严重。因此,维护生态质量、减少环境污染是保护资源的重要途径。低碳经济学的出发点是节约地球资源,提高资源利用率,同时减少对外界环境的危害,这与资源与环境经济学的思想高度一致。因此,资源环境经济被视为低碳经济的基础理论之一。

三、低碳经济的经济学价值

低碳经济的经济学价值主要体现在以下四点,即促进经济学理论的不断完善,丰富经济学的创新发展模式,拓展环境问题的解决方式以及完善国际经济的合作体系。

(一)促进经济学理论的不断完善

通过不断吸收和整合,经济理论和经济体系不断丰富和完善,并在与其他领域中进行交叉融合发展,特别是在经济影响因素的研究上越来越全面和系统。低碳经济学被纳入经济学的体系中之后,经济学的外延不断扩大,其研究内容越来越丰富,碳货币、碳交易、碳期货等经济发展工具也愈来愈多。而且这些概念的发展中也包含着经济发展的影响因素和不确定性,因此,有必要重新选择和建立促进经济发展的研究模式,以持续推进经济研究向前发展。

(二)丰富经济学的创新发展模式

工业革命的发展推动了人类历史上经济的大发展,但工业革命的理论基础是增加物质资源的投入以获取更多的财富。它只注重对单一经济系统因素的考虑,而忽略了资源存量和环境承载力的影响。因此,粗放型发展模式过多地依赖资源消耗,给生态环境带来的负面影响相当大。随着经济发展逐渐进入瓶颈期,可利用资源越来越少,环境污染给人类的健康生活造成的隐患积累成疾,人们开始对这种经济发展模式进行重新反省和重新定位。因此,现代经济社会发展亟须低碳经济理论的科学指导,才能引导创造更科学的生产方式和消费方式,以达到经济、资源和环境协调发展的目的,从而促进经济社会的长远发展。

(三)拓展环境问题的解决方式

环境是人类社会生存和发展的重要基础。然而,在经济发展过程中,由于盲目追求经济利益,环境保护往往被忽视。当环境破坏阻碍经济发展时,需要花费大量的人力、物力和财力来整治和保护环境。从经济发展起步阶段,低碳经济发展规划就强调环境保护,以环境保护和经济增长为目标,促进环境与经济的和谐发展,从而大幅度提高环境保护效率。低碳经济还能够依靠环保方面的专业研究,需求更多更好的生态环保解决方案。

(四)完善国际经济的合作体系

在传统的国际经济合作理论体系里,占有重要地位的是比较优势理论、资源禀赋理论等经济理论。根据这些理论,发达国家居于主导地位,欠发达国家居于次要地位。发达国家为了自身利益,热衷于将资源消耗大、环境影响大的重污染产业转移到欠发达国家。因为欠发达国家目前不能很好解决这些资源环境问题,生态污染问题一旦发生,必然超越国界并蔓延到全球范围,并对发达国家造成不可逆转的负面影响。为了通过大家共同努力来规避这一问题,近年来发达国家与发展中国家之间的低碳经济领域的国际合作取得了很大进展。世界各国之间的低碳经济合作经历说明,国际经济合作能够较好解决资源环境问题和全人类面临的共同生态灾难。

根据以上可以得出结论,低碳经济已成为全球经济的重要发展模式。在低碳经济发展的背景下,经济发展的指导思想转向运用先进的科技手段来实现资源的高效利用。低碳经济发展具有巨大的经济价值,不仅体现在短期的经济效应,更体现在为长期经济发展和长期经济效应的实现提供动力。由于目前部分国家经济发展条件所限,全球低碳经济仍有很大的发展空间,坚持低碳经济模式具有良好的发展前景。

第四节　低碳经济、能源消费与经济增长

一、低碳经济与经济增长之间的关系

低碳经济主要以碳排放为目标,倡导节能减排以缓解气候变化带来的负面影响。近年来,温室效应对人类生存环境造成越来越大的影响,低碳经济已成为世界各国关注的焦点问题。学者们研究发现,经济增长与碳排放之间存在着紧密联系,"环境库兹涅茨曲线"理论被公众接纳。该理论认为,如果一个地区的经济水平越低,其碳排放量相对也会较低,相应地碳排放对环境的影响就较小;随着经济发展水平的不断提高,经济体的碳排放量逐渐增加,对环境的影响也相应增大;当达到临界值时,经济发展水平的不断提高会伴随着碳排放增幅的下降。随着我国逐步开始以"低碳"作为衡量经济发展质量的标准,产业结构优化提升逐渐提上日程,制造业各行业都开始高度重视减排。虽然目前碳排放量随着经济发展仍呈现不断增加的趋势,但其增长速度已经明显低于经济增长速度,这也充分说明当经济发展到一定程度时,经济增长一定程度上促进了低碳经济的发展。

随着经济增长和生活水平的提升,居民低碳生活观念以及整个社

会低碳消费习惯逐渐形成。比如，人均可支配收入的增加和生活品质的提升加快，居民在购买现代家用汽车时，更热衷于购买节能环保、低油耗低污染的品牌。随着人们生活水平的逐步提高，"低碳"理念愈来愈受到社会的推崇，人民群众越来越青睐低碳产品；这样，人们低碳需求的变化进一步推动了低碳经济的发展。为了提高产品的销售份额，增强市场竞争力，商品生产者必须不断改进生产工艺和流程，使产品更加低碳。因此，区域经济增长可以提高居民的生活质量，使低碳有更现实的需求，进而推动低碳经济发展水平的不断提高。

二、低碳经济与能源利用之间的关系

一方面，能源的使用不仅会直接影响到一个国家的经济规模，而且会改变这个国家的人的生产生活方式。譬如煤炭的使用一定程度上促进了蒸汽机的问世，电的使用加快推动了电力时代的来临。因此可以说，能源是促进经济发展和社会进步的重要因素。另一方面，当经济发展到一定程度时，只有选择"低碳经济发展模式"，国民经济才能健康、稳定、可持续地向高水平发展。低碳经济要求改变能源利用方式，主要表现在两个方面：一是提高能源利用效率，而提高能源利用效率的关键在于低碳技术。低碳技术的进步有利于改进生产设备，为能源利用效率的提高提供良好的基础，从而大大减少化石能源的投入，进而减少大气中的碳排放。二是改变能源消费结构，为了满足生产生活的需要，人类对能源的需求也会随之增加；然而，化石能源并非取之不尽，而且化石能源消耗对环境影响很大。因此，优化能源消费结构，寻求环境友好的新能源替代化石能源是人类能源发展的必由之路。

人类目前使用的能源大多来自自然环境，大力发展低碳经济以提高能源利用率，有助于减轻对生态环境的压力。一个稳定的环境系统具有抵御经济发展给外界带来负面影响的承受能力；假设污染程度不在环境可接受范围之内，可能会给经济社会发展带来巨大损失。经济发展是二氧化碳排放量增加的最重要决定因素，但减少二氧化碳排放量并不能通过减缓经济增长来实现。因此，未来能源利用的发展方向应该是着力降低能源强度，增加低碳能源消费。

三、经济增长与能源利用之间的关系

一般而言,经济增长与能源利用之间具有相互促进的关系。随着人们生活水平的提高和社会财富的增加,能源消费需求也在不断上升。在能源短缺问题突出的背景下,经济增长带来更高国民收入和公共财政保障,各国有财力投入更多资金和资源用于发展低碳技术,以推动节能环保产业和新能源发展。同时,经济增长将促进人们对清洁能源的使用,传统的高污染能源将逐渐被淘汰。经济增长改变能源消费,其表现最显著的是对能源质量的要求将不断提高。大量使用优质能源可以显著减少环境污染排放,环境的压力由此可以大大减轻。与此同时,不仅获得优质能源比传统能源更简单方便,而且具有更高的经济效益。自工业革命以来,世界大多数国家和地区的经济增长都更大程度地依赖化石能源,促进化石能源开采技术发生日新月异的变化。但化石能源在消费过程中会被排放到大气中,不可避免造成污染排放量大幅增加,从而引起一系列的环境污染问题和生态灾难。

目前新能源不仅研发成本高且市场化障碍也基本存在,而且规模化应用存在的难度也较大,因此新能源的应用和推广上还存在着一定的困难。但是,这与经济增长带来的能源消费质量提高的现状并不矛盾。因此可以预见的是,人类未来将会投入更多资源来进行新能源利用的探索和实践。

第二章

农业文明、工业文明与生态文明

　　文明是人类改造世界所取得的物质和精神成果的总和,是人类社会发展进步的标志。从历史演进角度,人类文明经历了四个发展阶段。第一阶段是原始文明。在石器时代,物质生产能力低下使得人们只有被动地依赖和适应自然,而且必须依靠集体力量才能顺利生存。第二阶段是农业文明。铁器的出现使人类改变自然的能力有了质的飞跃,人类与自然的关系逐渐由被动适应转变为主动转化,然而人类的生产和生活仍然高度依赖自然。第三阶段是工业文明。英国工业革命开辟了人类现代生产生活方式,人类发明和使用各种先进的工具和动力,将自然资源加工、转化为所需的生产和生活资料。从人与自然的关系来看,随着人类认识和改造自然能力的不断提高,人类文明已经从原始文明中的敬畏自然,到农业文明的亲近自然,再到工业文明的征服自然转变。第四阶段是生态文明。工业文明时期对自然的过度征服所造成的不平衡,最终会在生态文明中实现人与自然的和谐共存。这种"否定之否定"的变化再次表明,虽然人类可以通过发现自然规律来积极改造自然,以谋求自身的幸福,但人类改造自然的活动终究要受到自然规律的制约。如果人类活动"越轨",就会受到大自然的"惩罚"。从这个意义上说,作为自然进化的产物,人类文明的进化离不开自然逻辑的规范。本章从农业文明的历史演进与生态环保思想出发,进一步探讨工业文明危机的生态反思与可持续发展,以及从工业文明到生态文明的转变,最后剖析中国特色社会主义生态文明的逻辑生成及其价值维度。

第一节　农业文明的历史演进与生态环保思想

作为一个古老的工业,农业诞生于新石器时代早期,至今已有一万多年的历史。传统农业是以种植业为主体的劳动密集型产业,在本质上表现出生命形态对自然规律的主动适应和不可逾越性。农业自然的有机组成部分,对自然有着原本不可分割的依赖性。在农耕时代,农业文明曾经创造了一段辉煌的历史。随着工业文明的来临,农业文明最终必然走向衰落。农业固有的弱质性,决定了农业在现代经济体系中一直位居弱势地位。尽管人类基本生活资料和部分工业原料来自农业,但若是仅仅依靠农业的发展,很难完成向工业化和现代化的跨越。

一、农业文明的历史演进

回顾农业的发展历程,世界上很多国家和地域的古文明的萌芽,首先均与农业有着非常直接的关系,比如中国、印度、西亚、北非、中美洲等均是如此。在长期的采集、捕捞、狩猎中,人类逐渐熟悉了大自然和动植物的生活习性,并开始在旧石器和新石器时代中驯养、繁殖动物和种植谷物,由此人类正式步入原始农业阶段。随着时间的流逝,农业生产的规模逐渐增大,农业生产技术变得越来越好,生产经验积累越来越多,人类对农业的认识逐步从感性走向理性,人类就开始步入农业文明。尽管全人类并没有统一的社会文明发展模式,古埃及文明、波斯文明、印度文明等文明类型的各自特色反映了人类文明起源的多样性,但他们也会有一些共同的基本特征。

其一,灌溉农业是古农业文明的突出特征,大规模水利工程的兴修促使国家公共权力逐渐集中在中央政府。特别是在东方,农业文明几乎都发源于江河水域,譬如苏美尔文明发源于两河流域,古埃及文明发源于尼罗河流域,哈拉巴文明发源于印度河流域,玛雅文明发源于中美洲,而黄河、长江流域则是中华文明的发源地。随着时间的推移,大河流域逐渐形成肥沃的冲积平原,有利于到此居住的人类克服当时社会生产力水平所带来的诸多固有局限,使用简单的生产工具在土地上进行劳作。农业发展的基本保障需要大型水利工程来提供,而大型水利工程的建设和维护需要大量的人力、物力和财力,由此而促使国家公共权力逐渐向中央政府集中。如此,灌溉农业不仅对社会经济繁荣和城市工商业的兴起发挥着重要作用,而且直接为国家政治体制的建立和文化领域的创造奠定了坚实的物质基础。与此同时,发达的农业所积累的物质财富,也为国家官吏形成、国家领土防御和对外军事扩张提供了必不可少的物质供给。特别是在古代东方国家,从分散城邦、独立王国再到统一大帝国的历史演变,就形成了世界上大多数东方国家政治史的基本特征。相应地,东方国家的宗教观也由"多神"崇拜转向"一神"信仰,这有利于君主实现宗教统一的专制统治。

第二,在农牧民族之间频繁而激烈的冲突中,社会文明也在不断裂变、融合和发展。由于特殊的地理环境,中亚草原和波斯高原游牧民族的攻击对两河流域和印度的农耕民族的影响非常大。在漫长的征服与反征服斗争历史中,农耕文化与游牧文化的反复碰撞与融合,使东方社会文明具有常青的文化内涵和强大的发展张力。此外,等级森严的社会等级制度和略富弹性的奴隶制度,成为这一社会形态的显著特征。特别是在古代东方,社会各阶层存在明显的尊卑之分。君主被视为神的代表或后裔,拥有至高无上的地位和权力,而大大小小的王公贵族也享有不同的显贵的身份和地位。虽然下层的农业工人和工业家在法律上被视为自由公民,但享有政治权利的公民并不多。而处于社会最底层的奴隶来源广泛,主要包括因贫穷而沦落的自由民、战俘,其中债务奴隶占的比例较大。奴隶不仅用于从事繁重的农业生产和大型公共工程建设,也可以从事家务劳动和适量的工商业活动。在家庭血缘关系和社会等级制度的影响之下,奴隶往往可以拥有自己的私人家庭和少量财产,有的还可以租用主人的土地并及时向主人交纳房租。当然,在允许的前提下,奴隶还向主人贷款做生意,还清债务后也可以赎回自由人身份。

其三,东方古代农业文明卓有成就,不仅在数学、天文学、医学等自然科学领域,而且在文学、艺术等人文学科领域均具有丰富成果。这些优秀成果与农业社会的生产生活实践密切相关,森严的君主专制集权和强大的国家公共职能促进了建筑和雕塑艺术的繁荣,形成了大规模的皇宫和皇陵;而民族冲突频发、江河泛滥成灾以及世间文明更替,为古代文学创作提供了独特的现实素材,由此诞生了一批批震撼人心的英雄史诗,在全人类文明史上留下了不可磨灭的印迹。但在漫长的历史长河中,许多文明逐渐没落,除了奢侈、腐败、内战、外敌入侵等因素之外,人口膨胀、土地过度利用、森林破坏、水土流失等"生态灾难"带来的影响非常大,以至于破坏了人类文明发展的环境。早期印第安人创造了哈拉班文明由辉煌走向衰落,就是因为鼎盛时期丰富的食物和衣物带来了人口的急剧增加,超出了土地的承载力。植被越来越稀少引起沙尘暴肆虐,进而带来沙漠的无序扩张,最终埋葬了这个印第安早期文明。

相对而言,中华文明是世界上最古老的文明之一,延绵流长从未间断。从区域结构来看,很大程度上得益于南北两大农业体系之间强烈的互补性。一旦北方旱地农业收成欠佳,南方水地农业完全可以及时作出补充;反之,一旦南方水地农业歉收,则北方的旱地农业可以及时补充。特别是中国即使受到强势文化的干预,中国南方农业生产体系的核心区域也可以保持相对稳定。此外,长江、黄河是中华文明的重要发祥地。一直以来,黄河流域温和湿润、气候宜人,非常适合种植农作物,世人熟知的仰韶文化、龙山文化、徐家窑文化都起源于此。相比较而言,长江流域不仅幅员辽阔、水系交错,而且气候非常温和、能源资源丰富,是我国综合经济实力最强的地区之一。但也需要注意的是,改革开放以来工业的发展和城镇化的推进,导致黄河流域环境遭到严重破坏,长江流域也面临着生态危机,这也是近年来国家重视生态文明建设的根本原因。

二、农业文明——古代生态环保思想的渊源

在古代生态环境保护思想的形成中,有很多因素都会对其有影响,而农业文明是非常重要的渊源之一。由于农业与自然界联系非常密切,在农业生产过程中,人类必须更多地了解自然环境,从而增进对生态环境的探知,自然再生产与社会再生产融合程度进一步加深。农业生产对自然环境具有很强的依赖性,自然气候、土地肥力很大程度上决定了农业生产的丰收成果。所以,农民必须想尽办法改善自然环境和土地质量,以进一步促进农业生产力的提高,由此生态环境意识逐渐在人类

的潜意识中萌发出来。农业生产对自然环境会产生很大的影响,因为它必然会在一定程度上改变生态环境。特别是春秋战国时期,社会生产力有了很大的发展。也正在这一时期,铁器开始越来越多地用于农业生产,牛耕、化肥逐步开始使用。随着社会生产力的提高,人类拥有生产更多食物的能力。有了足够的食物,同样面积的土地上可以养活更多的人。因此,在此期间,人口数量开始迅速增加。随着人口的不断增加,全社会对耕地的需求也大大增加,人们开始以刀耕火种为主的开垦方式大规模开垦荒地。这样一来,生态环境破坏程度远高于过去历史时期,使一些地区的生态环境开始恶化。这种情况引起了一些有识之士的关注,许多思想家提出了"禁季"的思想,要求合理恰当地利用生态资源,而不是你仅仅关注农业产量,这一点在这一时期生态环境保护思想的广泛出现中得到了体现。

总而言之,中国古代的生态环境保护思想是由多种因素共同作用的结果,而农业是其重要来源之一。农业作为中国古代最重要的生产部门,无疑对生态环境保护思想的形成起到了非常重要地作用。正因为农业文明对自然环境的依赖,而生产过程中人类对生态环境的探索和实践,最终构成了保护生态环境的思想基础。

第二节　工业文明危机的生态反思与可持续发展

基于经济地理学的角度,工业文明最初起源于英伦三岛,并向欧洲、北美等地区发展,从而转变成为世界性的历史现象。一个明确的事实是,工业文明不仅是一个多层次和多阶段的历史进程,而且是一个具有世界历史意义的重大社会历史进程。虽然人类社会发生了翻天覆地的变化,但工业文明仍然不仅与当代工业社会的发展相关,而且与各国的现代化进程密切相关。

一、农业文明向工业文明的嬗变

近代以来,欧洲经历了科学、商业、消费三次革命,紧接着工业革命兴起,人类社会从农业文明转变为工业文明。中间经历数百年发展,直至 19 世纪中叶转化成工业化,这一转型才真正得以实现。

首先,文艺复兴对人类的影响巨大,特别是对人类思想的影响更为深远,人类开始更多地对旧世界给予批判,并对新知识的探求的欲望越来越大,现代科学就是在这样的背景下产生的。英国最伟大的数学家和物理学家——牛顿(1642—1727)将现代科学的发展概括为一个科学体系,从占星术、炼金术到科学研究,从经验的探索到科学方法的形成,在欧洲培育了一种充满求知欲的科学探究的严谨氛围,为近代欧洲文明奠定了坚实的科学基础。其次,世界各地区的主要贸易通道在 16 世纪都开通了,由于荷兰、英国和法国等新殖民国家的排斥,西班牙和其他旧殖民地国家迫不得已在全球范围内收缩战线。尽管此后欧洲各个国家划分了不同的贸易路线,但地中海一带仍是世界贸易的焦点所在。直至到 17 世纪末,荷兰和英国的逐渐强势崛起,陆路贸易逐渐被越来越繁盛的海上贸易所取代,欧亚之间的贸易也逐渐更多地通过海上进行。世界的商业优势迅速从地中海向北欧转移,全球商品市场及其体系初步形成。18 世纪以后,以海运为依托的长途贸易逐渐把世界各地联系成一个统一大市场,而商业革命初步把世界变为一个整体了。与此同时,世界贸易和全球经济的蓬勃发展大大促进了船舶运输和物流业的发展,贸易组织越来越紧密,与之相应的管理手段创新也更频繁,导致整体经济效益大大提高。最后,大众化商品受到更多的欧洲人的青睐,而不是特别昂贵的奢侈品。世界商人试图通过降低成本来扩大大宗商品的供应,这进一步促进了世界贸易的持续增长。于是,消费的选择自然导致了消费的革命,各种新商品从全世界大量涌入欧洲,大大提高了欧洲人的生活质量,特别是茶、糖、咖啡等新产品备受欧洲人的青睐。一个现实的对比是,欧洲在 17 世纪中叶以前很少有人会喜欢这些商品。

人口压力是导致英国 18 世纪中叶发生工业革命的最重要的原因之一。当然,还有其他自然条件及社会环境,其中自然条件包括水、煤炭等资源的变化,社会环境包括英国资产阶级主导建立的有利于其发展的政治制度及银行信贷制度等改革举措。在英国工业革命的刺激下,欧洲各国工业化进程缓缓推进。紧随其后的，就是美国工业化也逐步铺开。但内战结束消除了民族分裂可能，生产力得到解放的同时，民族资源也得到更充分的利用，进而工业化进程大大提速，美国由此发展成为世界工业霸主。经历这个过程之后，世界工业文明发展的中心正式从英国转向欧美。工业化不仅给世界经济结构和人类生活水平带来巨变，而且带来了政治上层建筑的蜕变。与此同时，西方社会分层逐步形成，人类的思想观念也发生了深刻的变化。

现代工业文明在西方起源，必然也会深深地打上西方文明的烙印，但一旦在全球开始传播并被世人接受之后，就慢慢地具有普遍性。正如农业文明起源于美索不达米亚和古埃及一样，其关键要素无论在哪里传播在本质上都是相同的。世界历史发展和更替再次表明，在欠发达国家，现代工业文明发展所引发的基本趋势注定要出现。而中华文明的起源和形成基本上是一个自组织系统，"大一统"思想是中华文化的主流。在发展过程中，它高度兼容了各民族不同的文化特征。事实上，中国传统农业社会已经形成了一个非常稳定的持续自我调节体系，即王朝更替。由于完全依靠自身力量突破这个固有体系是有困难的，因此需要借助足够大的外力来找到破解的途径。环境友好的属性在中国传统农业发展总得到很好的体现，规模和强度非常有限的农业生产在当地进行，相应地消费也在当时完成，而养分最终又会以牲畜、人类的排泄物的方式，自然地返回到土壤中，达到改善生态环境的目的。农业生态系统稳定的功能及其养分循环结构，给农业生产正常运行和持续繁荣奠定了良好的基础。相比较而言，世界上很难找到第二个国家像中国一样，具有几千年悠久历史的农业文明。而且这种值得深入探究的文明模式不仅在历史上具有存在价值，而且应该在未来发挥其越来越大的作用。

二、工业文明与国家经济活动现代化

现代工业文明的崛起，究其原因，其中最关键的一条在于国民经济活动的现代化。国民经济活动市场化，可以达到消除多主体分割治理的目的，以主权统一国家的形式供给公共产品，而依据社会私人物品市场化生产者的需求，为制造业行业的企业家提供公共服务和支持，是国民经济活动现代化的起步条件。现代工业文明的萌发是人类文明演进的第二次重要的突破,这表明人类社会已经在私人产品市场化生产的条件下实现了生产的产业化。工业化和市场化不断创造出新的产业和新的产品,社会分工变得越来越细,生产愈来愈复杂,因此更需要人与人之间加强合作。在社会分工不断深化、合作日益密切的基础上,现代经济更多地依赖于世界上不同国家的参与。国家需要围绕以实业为核心的企业家活动提供公共产品,也就是说,民营经济活动的市场化和产业化要求国民经济活动的现代化与之相适应,这种文明的突破是国民经济活动现代化的杰作。国民经济活动的市场化是一个国家成为现代工业文明"先锋"的前提。任何仍处于自然经济状态的农业国,即使一时强盛,也会自动被排除在现代工业文明候选国名单之外。现代工业文明是以市场为基础的文明。一个排斥市场、敌视市场的国家,不可能首先进入现代工业文明时代。但是,国民经济活动的市场化只具备现代工业文明先行者的候选条件,并不意味着它会自动成为现代工业文明的先行者。一个国家只有集权,以主权统一国家,根据市场主体的需要提供公共物品,从众多市场主体中选择制造业主来支持他们的创造活动,才能成为现代工业文明的开拓者。自英国始,世界各国纷纷向工业文明转变,呈现出三种不同的道路。

首先,国民经济活动市场化的国家纷纷效仿英国的工业化,奉行工业化与市场化并行不悖的政策,成功地跨入了现代工业文明的大门。在西欧和美国等发达国家,由于私人产品的生产具有良好的市场基础,一旦国家改变了相关政策,转而支持制造业的发展,就能够向工业文明过渡。面对英国工业生产的巨大优势,他们主动出击和跟进,在比英国更短的时间内完成了工业化进程。第二,国民经济活动不以市场为导向的国家,不仅反对工业化,而且对市场化加以抵制,长期远离现代工业文明。这些国家农业文明历史悠久,长期依赖农业生产,国民经济活动还处于非市场化阶段。面对工业文明的猛烈冲击,这些国家并没有善用时局,而是极为保守。它既没有很好地引导私人经济活动走向市场化,也没有集中社会资源发展制造业。正因为它被动地回应,最后自然走向衰落。第三,经济活动非市场化的国家,往往在工业化和市场化之间容易走极端,要么以市场化抵制工业化,要么以工业化否定市场化,因此长期徘徊在现代工业文明的大门之外。19 世纪欧美国家大力推进工业化,只满足于出口农产品和矿产品,以市场化抵制工业化;20世纪 30 至 80 年代,工业化实际上限制了市场力量的发挥。这些都印证了文明演进的铁律,国家是决定文明兴衰的重要因素。

现代工业文明的建立促进了人类社会向更高的社会形态转型,这不仅意味着社会生产力的巨大变革,也意味着社会生产关系的巨大进步。马克思主义认为"社会生产关系是随着物质生产资料和生产力的变化和发展而变化。"[①]工业文明是一种社会化的大规模生产,需要大量资金的集中,因而企业有着向越来越大变化的趋势。在生产和资本集中的基础上,垄断应运而生。作为生产力发展所引发的资本主义范围内的生产关系的调整,垄断在很大程度上促进了科技进步和生产社会化。列宁指出:"拥有亿万巨资的大型银行企业,也可以用以前无法比拟的方式促进技术进步","竞争逐渐被垄断所取代,生产的社会化得到了极大的推行,技术发明和改良的过程更是如此。"[②]随着生产社会化的高度发展,占有正在成为少数人的垄断。资本主义的基本矛盾越来越尖锐。帝国主义列强之间、帝国主义列强与殖民地附属国之间的对立越来越尖锐。对此,列宁曾说过:"垄断是从资本主义向更高制度的过渡。"[③]这种转变是社会发展的客观规律,因为"社会经济形态的发展是一个自然的历史过程"[④],不是以人的意志为基础的。这种转变是社会发展的客观规律,因为"社会经济形态的发展是一个自然的历史过程",不以人的意志为转移。

三、工业文明危机的生态反思

人类征服自然是三百年工业文明的重要特征。工业文明有科技革命和市场经济等两大"利器",科技革命使人类征服自然和改造自然的能力有了飞跃的进步,利用和改造自然的效率大大提高,催生了许多新技术和新产品。市场经济使人类征服自然,并使得立足于实现自身福

① 中共中央马克思恩格斯列宁斯大林著作编译局.马克思恩格斯全集 第6卷[M].北京:人民出版社,1976:486-487.
② 中共中央马克思恩格斯列宁斯大林著作编译局.列宁选集 第2卷[M].北京:人民出版社,1972:7.
③ 中共中央马克思恩格斯列宁斯大林著作编译局.马克思恩格斯全集 第6卷[M].北京:人民出版社,1976:808.
④ 中共中央马克思恩格斯列宁斯大林著作编译局.马克思恩格斯选集 第2卷[M].北京:人民出版社,1972:208.

利最大化根本动力和制度安排发挥到了最佳,但却带来了无节制的生产和消费。这些生产和消费行为远远超出了人类的基本需求,从而导致人类对自然的几乎达到极限程度的索取。因此,虽然工业文明极大地提高了社会生产力,但近几十年来,工业文明陷入土地、生物、矿产、森林、能源等资源面临日益枯竭的生态危机。这一方面表现在空气、水质、土壤等人类生产生活环境严重恶化,人口过快增长带来地球上的"人口爆炸"。另一方面,城市过快扩张导致部分城市底层人群的生活环境质量低劣不堪,物质财富总量不断增加与社会贫困加剧并存,气候恶化和灾害频发导致人类整体生活环境质量面临着下降的风险。

18世纪末,英国经济学家马尔萨斯曾发出严厉警告,即人口的指数级增长将给地球带来潜在的危险。假若不加以限制,任由人口增长蔓延,人类对粮食的总需求将很快超过整个世界的粮食生产能力。因为历史条件的局限性,人们普遍对于这一观点持否定态度。19世纪末,美国学者乔治·马奇(George March)人类活动造成的环境恶化进行批判并认为,物种灭绝乃至地球"毁灭"都将是人类对自然"犯罪"所应接受的惩罚。

哈里森·布朗在二战后出版《人类未来的挑战》指出,由于自身不稳定和资源开发失控,最终会导致工业文明的衰落和世界的巨大损失。唯一可行的办法是建立新的社会融合机制,政府实施合理规划以约束个人或企业行为,必要时可以强制措施促进工业文明的有序发展。

对于当代文明不稳定性的研究不少,但最权威的是1972年出版的《增长的极限》。这项研究经过社会人口、农业生产、资源消耗、工业生产和环境污染等因素之间关联性的分析,得出最后的结论,即由于基本环境条件的约束,工业文明体系将于2100年之前崩溃,唯有尽快抑制人口增长过快和工业生产过快增长带来的高能耗,才能保持工业文明稳定运行。上世纪70年代之后,工业文明带来的危机日盛,客观上推动了现代环境科学和生态科学的发展,人类更多地运用生态学理论对工业文明的负面影响进行反思和深省。虽然工业文明的危机有多种表现形式,但归根结底会导致出现人类难以面对的生态危机。人类滥用自然资源带来了资源衰退,人类肆意排放废水、废气、废渣会带来环境污染,人口增长与资源环境不协调导致人口过剩,环境中化石燃料过度开发引致能源短缺,而城市发展、城市结构、城市功能与环境不协调带来的结果是城市环境恶化。综上所述,人口、资源和生态环境之间的失衡是导致工业文明危机的最重要原因,这也决定了工业文明必然要从成熟阶段转向衰落阶段。

半个世纪以来的一系列全球性生态危机再次表明,若是工业化再继续推行,地球恐难以支撑工业文明的可持续发展。根据世界自然基金会及其相关组织编制的《2012 年地球活力报告》出,长期以来人类的生活和生产活动给地球带来了巨大的累积压力,尤其是人类赖以生存的森林、河流和海洋等生态系统质量堪忧。以现状而言,我们正在使用地球上 50% 以上的可用资源。如果这一趋势一直持续下去,这个数字将会以更快的速度增长——到 2030 年,即使有两个地球,所有的资源也无法满足我们日益增长的物质需求。自 20 世纪 70 年代以来,我们每年对自然界的索取已经超出了地球自身的可再生能力。长此以往,地球上的自然资源终将面临枯竭。按照目前的消费率计算,地球的局部生态系统甚至可能在资源耗尽之前发生崩溃。譬如温室气体的排放已超过地球的自然吸收能力,随着工业化进程的不断推进,大气中二氧化碳的含量持续攀升,从而导致出现全球气温持续上升、气候恶化和海洋酸化等环境变化,而这些变化最终会给生物多样性以及人类赖以生存的自然资源带来更严峻的压力。因此,尽管世界上还有许多国家尚未实现工业化,但来自大自然的警钟告诫人类,不仅发达国家的工业文明不可持续,甚至地球不可能支持所有国家均按照西方发达国家的发展模式实现工业化。因此,发展中国家将面临生存和可持续发展的深层考验,全人类也需要创造一种新的文明作为可持续发展的重要载体和依托。由此,我们必须认清西方工业文明的外部性,深入分析西方工业文明带来生态危机的原因。

(一)西方工业文明的生产方式促成了生态危机的发生

地球已经有数十亿年的历史,而人类诞生不过数百万年。在工业革命前,人类所赖以生存的地球一直以来保持着良好的生态环境。然而,工业革命刚刚过去两百多年,人类生活生产活动给赖以生存的地球环境带来不可磨灭的影响。人类在享受工业革命后生产力迅速发展带来的种种福利的同时,也不得不忍受生态危机带来的灾难性后果。生态危机是由西方工业文明的结构性特征造成的,主要体现在以下三个方面。

首先,西方工业文明最不合理的目标之一是占有一切自然作为材料,以满足人们贪得无厌的物质欲望。在前工业社会,由于生产力的限制,人类对自然的占有仍然受到一定程度的制约。但自从人类进入工业社会以来,经济增长势头越来越迅猛的同时,人类对自然物质的利用也越来越难以控制,尤其是矿产资源的掠夺性的开采。正如杜斯韦特所说:"我们在工业革命期间经历的无限增长依赖于化石燃料消耗的急剧增加。除非采取措施使人类社会摆脱这种经济疾病,否则全球变暖将变得更加愈加严重和具有破坏性,我们人类自己的生存斗争将变得更加绝望和有害。"如果没有很好的策略来解决西方工业文明在自然物利用上的不可控性问题,不可再生的自然物总有一天会被消耗殆尽,而全球工业化的加速将会使得这一天以越来越快的速度向人类靠近。

其次,最早进入工业文明的国家已经把工业文明体系引到了全世界。但是就发达国家而言,长此以往,必然过度消耗了世界上有限的能源和资源。发达国家要保持现有的生产力和消费物质水平,就必须利用现有的世界经济体制,在过度消耗资源的同时,把发展中国家纳入资源能源消费体系。落后国家虽然没有充分利用自己的资源,但也不能超越西方工业文明的资源利用体系,而西方工业文明将继续发展导致整个世界都卷入了对自然界的野蛮掠夺之中。一方面,要想进一步改善环境,世界将会继续扩大对能源和资源的需求。另一方面,若意欲控制全球范围内的环境污染,则需要世界各地都实行更高的环境标准。

最后,20世纪下半叶以来,商业活动一直作为消耗地球资源的能源密集型活动而存在。这是因为所有的公司都被剥夺了生态无害化的可能性,那些敢于触及环保问题的机构获得的奖项更加说明了这样的事实,即企业与可持续发展之间的对立不是有意的,而是设计造成的。对利润的追求迫使商业活动极力促进经济发展,因为一旦经济发展停滞或放缓,很大一部分人将会失去工作。因此,疯狂增长的逻辑将一直延续到生态危机爆发为止,这是一种看似无奈而又必须直面的结果。

(二)西方工业文明的消费方式加速了生态危机的进程

无论是哪一个国家的政府,都可能把满足公众不断增长的物质文化生活需要作为其任期内的目标之一。然而,因为人的欲望是无穷的,人们对物质文化生活的需求自然也是无穷无尽的。只要条件允许的情况下,公众就会或尽可能地追求较高的物质生活水平。这就意味着,社会生产力越发达,改善物质生活需要的能力和紧迫性也就越强。此时,人类生产生活吞噬消耗自然资源的速度也就越快。这种西方工业文明的消费模式,导致生态危机的进程大幅加剧。

　　一方面，基于人类的更高层次需要的满足，包括发展中国家在内的世界各国纷纷效仿发达国家，走上了快速生产和消费的工业文明之路。根据保罗·霍肯的说法，"摆在我们面前的问题是众多而复杂的，但归根结底是人的生存和发展问题。为如此庞大的人口提供生活必需品的过程，实际上是对地球创造生命的生物能力的剥夺，是单个物种对纯净的空气、土壤、纯净水和动物资源的不可自我修复的破坏性消耗。"。正因为如此，近半个世纪以来，虽然西方工业文明的快速发展确实从不同程度上满足了人类的内在需求，但也造成了外部不可逆转的生态危机，而这对人类的可持续发展至关重要。

　　另一方面，虽然大多数人对自身消费自然的消费方式持有批判的态度，但很少有人自愿舍弃自己的惬意生活。我们必须承认，对经济增长的桎梏将意味着对我们行为加以约束和限制。重要的问题是，即使作为一个社会，我们确信我们利用自然的行动和能够动用的资源是非常有限的。但我们会有意去打破这些约束，原因在于我们认为禁令可能不是绝对的。另外一个需要关注的是，人类将努力避免经济行为主体的行动对环境造成的影响，并希望通过创新和技术以相对较低的成本处理这些结果。这就表明，人们内心享受的需要往往与理性认识有冲突，这样必然导致出现外在性，即个体的行为是理性的，但是集体行为的结果却是非理性的。从某种意义上而言，日益严重的生态危机是人们内在理性导致的外在非理性的典型反映。

（三）西方工业文明的思维方式放任了生态危机的恶化

　　随着生态环境问题的出现和可持续发展理论的提出，如何评价工业文明及其成就，就是成为一个值得商榷的问题。历时两百多年的工业文明该人类社会带来巨大经济增长和社会财富的大幅增加，也引发了资源枯竭、生态失衡、环境污染等一系列严重问题，严重危及人类的生存和可持续发展，日益引起政府部门和社会组织的关注，这也是当今世界可持续发展理论逐渐流行的根本原因。工业文明大量耗费了自然界的能源，尤其是珍贵的不可再生资源。工业经济本质上是一种资源型经济，其生产和增长决定于大量的自然资源投入，特别是能源和原材料的消耗量惊人。自然资源是经济增长的重要的物质基础，也是人类赖以生存的环境的基本要素。资源枯竭意味着人类赖以生存的基础的丧失，长此以往，人类未来的发展将必然是不可持续的。

　　大规模开采、加工和生产带来的影响是土地资源和森林资源的大规模缩减,以及土地荒漠化、水土流失、土壤侵蚀以及草原退化等现象的急剧蔓延,因此工业文明严重破坏了生态环境。环境污染与资源的过度消耗及生态破坏相伴相生,这既是工业文明发展的不为人们所认可的结果,也是人类未来难以持续发展的最突出难题。空气污染、臭氧层破坏、温室效应等生态悲剧层出不穷,世界各地自然灾害经常发生,最有名的就是骇人听闻的"八大公害事件"。其中,发生在1952年的伦敦烟雾,五天之内将近有四千多人死亡,一度让人哗然。应该指出的是,因为人类活动必然会对周围的环境造成影响,确实在工业文明之前就存在着环境问题。但在生产力水平低下的农业文明社会,由于改造自然工具简陋且人类生产生活能力非常有限,即使出现不同程度的环境污染问题,其破坏作用也非常地微小,一般大自然可以做到自我净化和可逆修复。但到了工业文明时代之后,现实情况就发生了翻天覆地的变化。由于生产力水平的大幅提高和科学技术的深刻影响,人类生产活动所带来的破坏力不可同日而语。从某种程度上来说,人类自身活动已经成为人类生存的最大威胁。随着历史时空的转换和时间的推移,人类与自然界之间的关系逐渐从保护人类不受自然的损害,逐渐向保护自然不受人类的损害转变。

换一个角度看,以博弈论的理论来分析,工业文明还可能将整个世界带入"零和博弈"中,发展中国家的经济增长和社会现代化无从谈起。因为在工业文明时代,西方发达国家的资源和能源消耗已经达到了前所未有的高度,世界上其他国家如果也效仿西方的工业化道路,致力于赶超西方发达国家的工业文明水平,这就大大超出了地球的承载力。按照现状,美国人口仅占世界总人口数的6%,却消耗了将近占世界上1/3的矿产资源。据此很容易得出这样的结果,也就是说,按照美国这样的消费水平,地球的所有资源仅能供应世界18%的人口。按照目前的发展模式,使世界其他地区的生活水平都达到美国和西欧那样的高度是不可思议的。因此,如果没找到破解"零和博弈"的对策,就不可能摆脱工业文明时代出现的困境。不仅如此,尽管人类已经开始意识到未来的生态危机,但他们对此又束手无策。再加上公众重眼前、轻长远的固化的思维方式,经常会使得生态危机程度不断加剧。

随着工业化和城镇化的不断推进,越来越严重的生态危机已经引起世界各国政府和社会组织的高度重视。生态危机是西方工业文明外部性的显著表现,而工业文明却难以承担生态治理的责任,而工业文明的基本结构和运行机制决定了环境危机无法从根本上解决。毫无疑问，随着时代的进步，作为工业文明的必然产物，生态危机最终还是必须采取合适的方式加以有效治理。用西方经济学的观点来讲，无论采取何种特殊措施，应对外部经济效应的总处方是采取内部化的方法加以解决，从而实现生态社会在政治、经济、文化、社会生活等方面的良性发展。如此，人类只有自愿采取结束不可持续的生活方式，当然这其中必然带有以子孙后代福祉为重的代际公平的考量。

第三节　从工业文明到生态文明的转变

　　自工业革命以来，人类生产生活对自然环境带来不可逆转的影响。一方面，人类享受工业文明带来的物质生活水平的提升；另一方面，人类也在品尝自身行为带来的恶果，这表现在人类不仅需要忍受空气污染、水污染、噪音污染以及固体废物污染、化学污染、全球变暖等恶劣的外界环境，而且面临森林和草原退化、物种灭绝、矿产资源枯竭等诸多生态难题。基于对这些问题的不断总结和反思，20世纪80年代末以来，一场涵盖社会、经济、环境及其科学等相关领域的生态革命在各国蓬勃发展起来。这场革命的实质是以区域资源和环境承载力为基础扭转生态退化的不利趋势，在技术、制度、文化、认知等领域对生产关系、生活方式、生态意识和生态秩序进行调整，以促进人与自然关系在时间、空间、数量、结构和功能上的可持续发展，生态文明思想由此诞生了。

一、生态文明与工业文明的联系与区别

　　工业文明是人类以征服自然的科学理念为指导，并依托大规模机器生产技术所创造的一种文明形态和文明成果。毋庸置疑的是，现代人所享受到的高水平生活是工业文明创造的。而生态文明是人类以人与自然和谐共处的理念为指导，并依托生态规律所创造的文明形式形

态和文明成果。作为一种全新的文明形态,生态文明不仅具有明显不同于工业文明的概念和特征,而且实现了对工业文明的反思、扬弃和超越。

(一)两者联系

生态文明与工业文明的联系主要在于,生态文明是在继承并合理摒弃工业文明成果和弊端的基础上发展起来的。一方面,生态文明继承了工业文明长期以来发展的有益成果;另一方面,生态文明摒弃了工业文明长期积淀对生态环境造成的负面影响,从而对工业文明发展中形成的政治、文化、伦理与科学进行彻底变革。

(二)两者区别

首先,两者的理性基础不同。生态文明主要建立在生态理性的基础上,它充满了包容的逻辑,最大限度地承认人类在非人世界和非人社会中的利益,尽可能地对人类世界和非人世界的利益给予同等的关注。生态文明更加注重整体的质的发展,而不是单纯的物质扩张,更加强调协调与平衡、整体的稳定与可持续发展。它仅仅把物质增长作为手段,而不是目标,更善于反思增长的结果和意义;它还试图超越单纯追求技术效果所造成的个人、部门、社会和自然的异化。生态文明希望通过技术创新和结构整合,实现传统生产、生活、消费和增长方式的生态转型,以实现整个生态系统的丰富多样和持久和谐。而工业文明中包含的经济理性则过于关注人的私利,认为人是自然的主人,一切都应该以人的无限欲望为中心。因此,工业文明强调增长的自然合理性,坚持经济增长及效率优先,注重单纯的数量增长及规模扩张,提倡功利主义和唯物主义。在技术手段上,生态文明试图通过科学技术的强大力量征服自然,并借助科学技术来塑造社会结构。

其次,动态逻辑和生产方式不同。工业文明的内在动力是人类日益增长的物质需求与相对滞后的社会生产能力之间的矛盾,而解决这一矛盾的主要途径是依靠科学技术提高人的生产能力。因此,如何协调人与自然之间的矛盾,从而确保人类的生产和再生产得以继续维持,是人类社会面临的重大问题。虽然中产阶级的利益保护确实在增强,但工业文明的最终控制力量仍然在资本家和富人阶层。相对而言,生态文明最关心的是大众的普遍利益和人与自然互动的生态合理性。此外,工业文明的生产方式是以现代科技为重要基础,以规模化开发和流水线批量生产为根本特征,以交换价值和利润为目标的机器化大生产。由此说来,工业文明不仅是生产资料的"龙头",也充当着生产消费的"垃圾池"。相比较而言,生态文明的生产方式首先寻求工业生产的生态化改造,最后寻求"加工—使用—还原"的生态化生产或循环经济模式。

综上所述,以生态文明或者工业文明为基础,可以形成不同的政治、经济、伦理成果,并最终形成不同的人与自然之间的关系。工业文明开发自然、征服自然,奉献给人类;而生态文明尊重自然、彰显自然,使人类回归自然。

二、反思、扬弃和超越:生态文明与工业文明

(一)价值观:从否定到肯定

所谓自然的内在价值,是指自然为满足自身的生存和发展而赋予自身的价值,它直接影响着人在实践中对自然地位和作用的看法以及对自然的行为。

工业文明否定了自然存在的内在价值,把人与自然的关系看作是主体与客体的关系,这也是工业文明认识论的出发点。虽然物与物的二分法促使人类征服和改造自然,但也导致了人与自然的机械二分法,使人的主体成为超越自然物的唯一神圣存在,而自然对象则成为完全按照人类的目的而控制和操纵的对象,成为人类实现自己目的的工具和手段。结果,自然客体失去了生命性和精神性,失去了自我组织、自我适应、自我修复、自我完善的能力和价值属性,失去了自身的情感、精神、目的和内在价值,它的存在只为人,只具有工具意义。按照这个逻辑,既然自然界中的非人存在没有内在价值,它就失去了享受任何道德主体关怀的资格。人类如何改造、操纵和处理它是合理和合法的,他们不必承担任何道德责任。随着时间的推移,人类改造和征服自然的过程逐渐演变为人类的破坏和掠夺自然的过程,一旦人类文明的根基受损,必然导致生态环境的恶化。

相比之下,生态文明肯定了自然存在的内在价值。工业文明充分显示了人类征服自然和改造自然的力量,但同时也产生了一些难以预测的生态道德问题。也正是基于此,生态文明重新定义了自然的价值,即人不是唯一具有主体性和目的性的存在,非人类也在生态系统中也同样地占据着"生态位",并拥有自身的目的和目标,所以他们都有主体性和生存权利。自然价值不是人类赋予的,而是客观存在的,它的存在

体现出"自然自立之自性"。这样,动植物乃至非生命的无机物,也就和人类一样,既是目的,同时也是手段,因而在内在价值与工具价值、目的性与规律性上是统一的。事实上,它不仅肯定了自然对人类的功利价值,而且认可了自然满足自身生存和发展的内在价值,不仅可以为人类开放和利用自然提供道德支持,也有助于引导人类合理评估和善待自然,从而提升自然生态系统的动态性、完整性和稳定性,并基于此实现地球生物圈的可持续运行和发展。

(二)技术观:从征服型到和谐型

技术观是人类对技术本质的认识和把握,以及对技术在社会生活应用中所要达到目标的一种价值判断。纵观人类文明发展史,不同时期所呈现出来的技术观有所不同,甚至有本质区别。在生态文明时代,技术观逐渐由征服型向和谐型的转变。

工业文明遵循的是征服技术观。文艺复兴和启蒙运动摆脱了宗教和上帝的羁绊,从此人类不会再在自然脚下俯首称臣。然而,"大写的人"的启蒙思想并不是保护或敬畏自然,而是用自己的"天赋"理性放肆地拷问自然,而技术充当着最有效工具和强大力量。在工业文明体系中,自然受人类的支配和控制,规模和效率均前所未有。人类认为唯有自身的利益才是最终目的,现代科学技术的发展让人类更加盲目自信,认为没有任何鸿沟可以阻挡人类征服和改造自然的道路。人类越来越沉浸在科技万能论和技术功利主义的陷阱之中不能自拔。然而现实让人感到警醒的是,尽管依靠高度发达的现代科技,人类征服自然的能力确实在不断提升。同时,由于工业文明一旦超越了地球生态系统的承载力,就会引起自然生态链的紊乱,从而导致以人与自然之间的关系趋于断裂为特征的生态危机。

相比之下,生态文明坚持和谐技术观。和谐技术观强调"以人为本,以技为用",主张人、技术、自然、科学和社会的和谐相处。它克服和突破了工业文明技术观的封闭性、可控性、征服性和人类中心主义的"消极"缺陷,实现了社会物质生产由以人为中心的价值取向向人与生存环境共同进化、全面发展的价值取向的转变。和谐技术观的标准主要体现在以下四个方面:一是遵循经济流动的闭环模式。和谐技术以生态学为理论基础,抛弃了传统的线性经济流模式,并将无浪费原则引入技术体系,形成"资源 – 产品 – 再生资源"的物质闭环流动增长模式。这种封闭模式注重生产链中资源的可循环和可持续利用,不仅有效地节约了自然资源,而且减少了对外界环境造成污染的可能性。二是坚持预防性源头控制原则。为规避生态风险,和谐技术观秉承"预防为主、源头控制"的原则,在技术方案策划过程中引入绿色、环保、低碳创新理念,把产品的可制造性、可拆卸性、可回收性及可重用性等环境属性作为设计运作的出发点。三是遵循生态效益评价原则。和谐技术观将生态效益放进科技评价体系之中,以自然资源和能源的承载能力为基础,构建技术对经济和社会的促进作用,引导技术创新在生态环境中协调发展中,朝着有利于资源合理利用、生态环境保护和经济、社会、环境复合生态系统良性循环的方向运转。四是倡导开发自然和谐共存理念。和谐技术观依据自然生态运行和发展的内在规律,特别是反对以极其功利化的方式对生态环境的强制干预和肆意掠夺。

(三)消费观:从消费主义到生态消费观

消费观是消费群体在消费过程中所反映的价值观念。消费观念作为社会经济现实在人们心目中的反映,反映了人们对消费活动的基本认识和态度。它在一定程度上规范着特定社会成员的消费行为,进而对个人行为发展和社会文明进步发挥重要作用。

工业文明坚持消费主义。工业文明因崇尚消费至上的伦理观而流行于现代社会,一面倡导物质财富的再创造及其体面消费大行其道,另一面沉溺于自然资源的无节制开发和享用,并将其作为人生的终极目的和存在价值。实际上,这种异化消费超越了自身需求的内涵,是对消费价值目标的偏离,极容易让人类在盲目的自大消费中迷失自我。一旦消费行为与人类真正的"需要"发生背离,消费就已经不再是目的,而是变为一种满足消费欲望的手段。二是消费行为的异化一旦转向过度、无节制和非理性消费,其结果必然导致人类对大自然的无情掠夺和疯狂榨取,这就不仅会带来危及当代人类生存的环境质量,更会影响到后代人的可持续发展,而资源环境的代际公平问题更值得深思。

相比之下,生态文明践行生态消费观。随着经济社会的发展,生态消费观逐渐开始有取代消费主义价值观的趋势,可能会成为当今世界应该而且必须选择的消费观念,其原因在于它在消费过程中考虑了消费者、社会和自然之间的互动关系,这样就具有更加全面和更加广泛的伦理指导意义。其一,生态消费以尊重自然和践行环保为主旨。绿色消费的目的在于促进经济发展和生态环境保护之间的平衡,因而发展可以更加具有持续性。这种可持续性不仅体现在消费内容和消费过程中,也体现在消费效果上。生产所使用的的原材料和生产工艺对周围环境的负面影响降到最低,再加上消费品的使用过程尽可能不要影响其他相关主体的生活和工作,以及消费后尽可能少地出现导致周围环境产生污染的难以处理的废弃物、废气、废水、噪音等残留物。其二,生态消费满足心灵需求的具有文化内涵的精神消费。实际上,只有从仅仅满足"虚假消费欲望"的物质消费中彻底解脱出来,恢复对人的本源需要的更高层次的精神追求,才能真正解决"消费主义"带来的生存悖论,从而实现人与自然的和谐共处,并促进人类自身的可持续发展。其三,生态消费崇尚健康、注重节俭,并认为合乎理性的适度消费是当代人所应该遵循的消费行为准则,这种适度消费必须与大自然的承载力和修复能力相匹配。任何人在消费时,不仅要考虑人类生存的健康问题,还要考虑源自然环境的承载范围,必须采取有效措施将消费水平限制在人口、能源和资源的承载能力之内。

(四)发展观:从经济增长到可持续发展

发展观是一个国家对整体发展进程的反思而提炼出来的对经济社会发展的系统看法。一个国家的发展观,一定程度上决定了这个国家的总体发展模式和宏观发展道路,对这个国家的经济社会发展具有深刻的指导意义。

工业文明崇尚单纯的经济发展观。工业文明发展观带有典型的拜物式的生态缺位的特点,它过分追求经济增长、物质财富积累和生活水平提升,而忽视经济发展、社会发展和生态环境之间的协调发展。长此以往,在过度关注经济总量的惯性思维控制下,人们对自然环境的认识和实践很容易地陷入了错误循环。特别是在后工业文明时期,在人类主体意识的片面张扬和科技水平逐渐提高的同时,人类对自然资源的支配和控制能力也在不断增强,因此人类开始无意识地把自然作为其征服和支配的对象。于是,人与自然的关系开始发生了质的变化,改造自然的动力逐渐异化为主宰控制和肆意破坏生态环境的外界力量。在以经济至上、以生态为工具的工业文明建设中,生态合作中的"囚徒困境"极易发生,"公地悲剧"的出现几乎在所难免。因此生态文明时代确实给人类留下了高水平的物质遗产,同时也必然会产生与高消耗、高污染相对应的"黑色文明",而最终的结果无疑是经济社会发展停滞甚至倒退。

生态文明崇尚可持续发展观。与工业文明的单纯的经济发展观不同,可持续发展观坚持人、社会、自然的生态整体及和谐共处。其核心和实质是不仅仅在于促进经济发展,而且要维护和保障人与自然的协同进化和共同发展。不同于传统的工业文明发展观,可持续发展观具有以下两个显著的特征:一是在发展目标上,它把人、经济、社会和自然视为一个动态的复杂系统,更加注重发展的内生性、全面性和整体性。二是从发展的本质上讲,它更加关注人的全面发展,把人类的需求和长远发展有机地结合,把满足人的全面需要作为追求的终极目标。可持续发展观在一定程度上克服了工业文明发展观只把发展看作纯粹的经济增长或单纯的社会结构变化的局限性,这样不仅为发展观加入了深刻的人文内涵,而且很好地揭示了可持续发展中蕴存的"人本"精神。

三、生态文明的主导产业与体制机制

(一)生态文明的主导产业

作为人类对传统文明特别是工业文明深刻反思的结果,生态文明旨在消除工业文明发展中普遍存在的人与自然之间的矛盾和冲突,它代表了人类文明的更高形式。人类生态文明形态的形成,对更高层次的物质文明、精神文明和政治文明建设均具有非常大的推动作用。人类文明的演进是连续性与跨越性的统一,这一点在产业结构高级化,特别是主导产业转型升级上体现得尤为明显。显而易见,农业文明、工业文明的主导产业分别是农业和工业,何为生态文明的主导产业?遵照生态文明的基本原则,除了满足人类的基本物质需要外,经济活动还将更加注重满足人类的安全、社交、尊重、自我实现等等非物质需要。在马斯洛的需要层次理论中,非物质需要不仅可以缓解资源环境压力,而且有利于提高个人的幸福感,对于人的成长实现具有重要意义。因此,进入生态文明时代之后,教育、科研、医疗、卫生、文化、旅游、交通、通讯等与能够满足人类非物质需求相关的产业,就可以成为引导生态文明发展的主导产业。从工业文明向生态文明的转型,在产业结构演进上的体现即为一个国家或地区资源节约型、环境友好型、精神享受型的服务业,以及与符合生态优化原则的物质生产支撑部门比重的持续上升。

(二)生态文明的体制机制

基于人类文明形态演进的连续性,生态文明正常运行的制度安排仍然与工业文明衍生的市场经济体制密不可分。这是因为生态文明阶段的自然资源和环境容量依然是最稀缺、最有价值的经济资源,而市场经济体制有助于在资源稀缺条件下实现资源优化配置。但在人类进入生态文明时代,市场经济体制发挥的作用已经远远低于工业文明时代。其原因在于以下三点:其一是由于人类在生态文明时代的需求已经从物质需求转向精神需求,而很多精神产品的生产和消费属于社会活动,这就导致市场机制发挥作用的范围不断缩小;其二是市场失灵的一个表现就是外部性,而自然资源与环境领域的"公地悲剧"现象频发,一定程度上限制了市场机制在生态文明建设中作用的发挥,原因就在于这些物品难以界定产权和价格,因此更需要政府干预或者第三方监管机制的建立。其三是市场经济体制中往往通过营销手段和产品创新鼓励生产和消费行为,这在一定程度上与生态文明基本原则相悖。总而言之,在生态文明形态下,人与人、人与自然的互动相处与融合共进,将使人类参与经济、社会、政治生活的性质和途径发生根本性的变化。随着生态责任和文明理念逐渐融化为人类的认知何自觉,市场经济体制在经济社会发展中的重要性会逐渐下降,公民参与社会生活的频率以及公民与社会之间协调机制发挥的重要性会不断上升,生态社会的基本结构会逐渐从"大市场、小政府"向"有效市场、有为政府"转变,而其中"大自然、大社会"将发挥越来越大的作用。

　　总而言之,生态文明是一种比工业文明更先进的文明新形态,它将一切经济社会活动纳入地球生物圈系统的良性循环,其本质要求人与自然、人与人的和谐共处,从而实现经济、社会和生态的可持续发展,体现了经济发展、环境保护、生态优化与人的全面发展的高度统一。就发展趋势来看,生态文明将逐渐成为 21 世纪的主流经济社会形态。

第四节　中国特色社会主义生态文明的逻辑生成及其价值维度

自 1987 年我国著名生态学家叶谦济教授首次提出"生态文明"的

概念以来,政界及学界对生态文明的关注和研究日益增多。进入中国特色社会主义新时代,生态文明建设被提升到前所未有的新高度,习近平总书记不仅对生态文明建设的新形势、新义务及新挑战提出了一系列新要求和新部署,而且指出了建设生态文明和美丽中国的战略目标和重点任务,形成了习近平新时代建设中国生态文明的科学系统思想。其理论体系的各个部分不仅相对独立,而且具有内在的逻辑统一性,即历史逻辑与理论逻辑的统一。

一、中国特色社会主义生态文明理论体系的逻辑生成

(一)理论体系的战略形成——可持续发展观

可持续发展观是中国特色社会主义生态文明理论体系的第一个重要理论,即为考虑代际公平及后代长远利益,摒弃"先污染后治理"的经济发展道路,寻求经济发展与人口、资源及环境之间的平衡点。从发展战略的角度看,可持续发展观为未来经济社会发展构建了美好蓝图,从而成为生态文明建设的重要战略支撑。可持续发展观基于实现经济、社会、生态的协调发展,需要从发展原则、发展过程和发展结果等三个方面的有机统一。一是在发展原则上,可持续发展摒弃片面追求经济发展的理念,倡导经济、社会、生态的有机统一。二是在发展过程上,经济、社会、生态相互作用、相互制约,以真正促进三者之间的稳步发展和进步。三是在发展结果上,可持续发展要求既要满足当代人经济、社会、生态的发展需要,又要满足子孙后代的发展需要,最终实现人与自然的和谐共存。

(二)理论体系的价值原则的确立——天人和谐观

人与自然和谐观即为坚持人与自然、人与社会的和谐发展,由此确立了生态文明建设的价值原则,这不仅从根本上符合科学发展观的基本要求,也是构建社会主义和谐社会的应有之义。首先,基于人的角度。人是自然与社会物质转化的媒介,实现社会与自然的和谐,应从人的认识和实践出发,做好自然规律的合理运用,有效保护生态环境并实现经济、社会和环境三者的良性发展。其次,基于自然角度。保护自然环境不受人类滥用资源和高耗能源而带来污染和破坏,已成为维护三者统一的重要环节。再次,基于社会角度。社会是调节人与自然之间关系的运行环境和实现条件,对人与自然的物质转化关系有着重要影响。

（三）理论体系的科学观念的发展——生态文明观

生态文明观指的是对发展要求、科学思想、发展原则、发展方针、发展目标等内容的概括,主要体现了中国特色社会主义生态文明的全局观,从原则、要求、政策、理念、目标等方面丰富了我国生态文明理论的内容。首先,基于从历时性角度。生态文明经历了一个漫长的历史发展进程,并最终达到了社会主义生态文明建设的新高度。其次,基于同步性角度。生态文明贯穿于社会发展的全过程,应该体现中国特色社会主义的价值要求和时代特征。再次,基于环境保护理念。生态文明要求经济发展必须遵循自然规律,不能在超出资源环境承载能力的条件下片面强调经济发展。

二、中国特色社会主义生态文明的价值维度

作为建设美丽中国的基本要求,生态文明体现了中国追求全面进步和科学发展的价值取向。党的十八大报告指出:"要更加自觉地把全面协调可持续发展作为深入贯彻落实科学发展观的基本要求,全面落实经济、政治、文化、社会和生态文明等五位一体总体布局,促进生产关系与生产力、上层建筑和经济基础的协调发展,走出一条生产发展、生活富裕、生态良好的文明发展道路。"中国经济社会的繁荣的目标不仅仅在于提高人民生活水平,更重要的是提升国民生活环境质量,这也是中国复兴战略促进世界可持续发展的最大贡献。

首先,繁荣的生态文明是建设美丽中国的基本目标。一个美丽的国家必然是一个生态文明之国,中国坚持可持续发展战略,就必须践行人与自然和谐共存。而生态文明建设的真正实行,要求不仅具有先进的发展意识,而且科学的运行机制相配合。1972年,罗马俱乐部发表了一份研究报告《增长的极限》,在全世界引起轰动。这份报告首次展示了在资源有限的地球上毫无休止地追求经济增长的结局,并主张人类在环境维持与经济增长之间保持平衡,而不是一味地追求经济过快增长。如果不有意识地去抑制高能耗条件下的经济增长速度,整个人类经济社会的"零增长"甚至衰退必会接踵而来。基于此,报告呼吁人类转换经济发展模式,及时修复人与自然之间的关系,纠正过度工业化带来的环境损害。党的十八大报告把这一发展观作为国家战略进一步推进,要求树立尊重自然、保护自然、顺应自然的生态观,统筹考虑经济发

展与生态环境的关系,这不仅是践行科学发展观的重要成果,也是我国全面建设小康社会道路的必然选择。

其次,生态文明建设体现了以人为本的核心价值理念。关注国家生存发展的环境要求,其本质也是政府执政为民的具体体现,这可以从两个方面加以说明:其一是社会和谐。政府反复强调坚持人民主体地位,始终把实现好、维护好、发展好最广大人民根本利益作为党和国家各项工作的出发点和落脚点。实际上,生态文明建设与经济建设、政治建设、文化建设以及社会建设,在"五位一体"的发展布局中是相辅相成的关系。以优化生态环境为发展的目标,把尊重自然资源作为发展的前提,是经济社会可持续发展的必然要求。生态文明所秉承的和谐理念是构建现代和谐社会的价值基础,生态文明建设的指向不仅仅在于提高物质和文化生活水平,而更重要的是完善民主法治、巩固民生工程并提升社会环境和谐度的价值追求。从社会关系维度分析,生态问题归根结底是一个利益问题,因为保护生态环境的行为或破坏生态环境的行为及其相应的规制都与利益密切相关。特别是城乡在资源利用和治理成本分担上存在差异,体现了生态危机所反映的各方面社会利益矛盾。如何协调各利益相关者的利益关系,构建经济、政治、文化、社会、生态等要素密切配合、相互促进的综合建设体系,是推进生态文明建设的关键主题。其二是个体和谐。物质力量被科技主义、物质主义、消费主义价值导向无限放大,从而容易引发激烈的个体竞争和非理性冲突。掠夺公共资源和破坏公共生态都是工业文明时代个人追求物质利益的深刻反映,这样一来,个人主义和自由主义取代了人类对自然的敬畏以及对生命意义的审视,经济社会发展是否可持续就值得怀疑。相比之下,生态文明建设中对个体身心和谐的追求,是以人为本的核心价值观的重要体现。

再次,生态文明建设是中国政府推动维护世界生态安全和促进全球经济可持续发展的重要举措,是一个发展中大国应该承担的国际责任。在后工业时代,资源短缺、环境污染、生物多样性破坏等一系列生态危机是世界各国面临的共同挑战,因此在全球范围内加强沟通和紧密合作,致力于生态环境保护和生态平衡维护,是世界各个国家和地区的共同责任和义务。在全球自然资源利用和生态责任分担上,中国政府一直提倡几乎均等、勇于承担、合理补偿而反对利己的霸权主义行径,并在人口控制、节能减排、生态建设等重点领域取得了举世瞩目的显著成就。党的十八大报告指出,中国将继续"坚持资源节约和环境保护的基本国策,坚持节约和保护优先、自然恢复为主,努力推进绿色、循环和低碳发展,致力于经济高质量发展并从源头上扭转生态环境恶化趋势,为大众生产生活环境创造良好的外界条件,为全球生态安全作出应有贡献"。

当然,国与国之间贫富差距是影响世界和谐的主要因素之一。如何缓解世界各国之间的矛盾和利益冲突,在应对全球生态恶化等相关问题中共同决策、协调行动、共享利益和共担风险,是世界多元文明可持续存在、地球上所有生命和谐共处的关键措施。由于不同国家的发展起点不同,而且它们有自己特殊的自然条件、经济条件和人文历史环境,再加上不同地域具有不同的价值观念和社会管理体制,因此世界各国生态文明建设模式和解决生态问题的对策和路径均会存在一定的差异。因此,尽管生态文明建设是一项世界各国都应当普遍承担的全球责任,但不能否认不同国家和民族差异化的发展道路,这是生态责任承担的重要的现实支撑,不可能要求一国照搬他国的发展模式。尽管这个国家的发展模式确实是好的,但不一定适用于全球所有国家。全球生态保护行动需要求同存异,树立包容和开放的国际视野,构建相互尊重、多元共存的全球发展观,消除单边主义的狭隘思想分歧,这是实现世界和谐的必经之路。和谐并非意味着抹杀个性,和谐共生与差异互补并非存在矛盾,和而不同是当今经济社会发展的重要规律,也是人类在生产生活行为中应该遵循的重要原则和人类各种文明协调发展的精髓,否则就会导致更多的无法调和的矛盾和分歧。总体而言,建设生态文明和美丽中国的战略决策是中国政府履行绿色发展责任的自觉责任,为中国促进全球可持续发展作出更多的贡献。

第三章

低碳经济与生态文明建设的
耦合及其实现机制

改革开放 40 年，我国经济增长和社会发展取得了显著进步，但也面临着资源过度消耗、生态环境质量恶化、生物多样性遭受威胁等一系列问题。一般而言，根据发达国家的发展经验，温室气体排放会随着工业化和城市化的推进而不断增长，排放量在这一过程结束之前达到最大值，然后才会趋于稳步下降。如果想要改变温室气体排放的变化轨迹，就必须促进低碳经济发展以打破生态环境质量恶化的路径依赖。以可持续发展理念为指导，低碳经济运用产业转型升级、技术制度创新和新能源开发等手段，降低国民经济对煤炭、石油等高碳能源的耗费及温室气体排放速度，从而确保进入经济、社会和环境可持续发展的新格局。工业文明时代给人类带来生产力的解放和物质财富的剧增，同时也引起人与自然之间的严重冲突。也正是在这样的背景下，"生态文明"和"低碳经济"成为家喻户晓的热门词汇。本章以低碳经济观念与生态文明价值构建作为起点，分析低碳经济发展与生态文明建设的相似点以及低碳经济发展与生态文明建设的耦合逻辑，最后论述低碳经济发展道路与生态文明建设战略。

第一节 低碳经济观念与生态文明价值建构

作为一种新的经济发展模式,低碳经济具有包括低碳发展观、低碳文化观和低碳创新观在内的思想观念与之相适应。低碳经济理念倡导以人类整体利益和长远利益为价值目标的新的生活实践方式,通过尊重自然的整体价值来促进可持续发展的实现,通过协调人与人、人与自然、人与社会的关系促进人类生态文明理念的升华。作为人类生态伦理价值调适的产物,它从崭新的维度丰富了生态文明的理论内涵,为生态文明建设的深刻解读提供了新的途径。

一、低碳文化观: 生态文明价值建构的理念依据

尽管文化是一种非正式的制度安排,但是文化在社会变迁特别是在文明进步过程中发挥的作用,往往远超其他正式的制度安排。在社会实践中,文化从物质、精神、制度乃至人的行为中积累和创造了各种财富和经验。在世界应对气候变暖大趋势的背景下,作为低碳经济理念的核心,低碳文化观是人类以可持续发展理念为指导,在发展低碳经济、建设资源节约型和环境友好型社会的实践中形成的对低碳经济的思想认识、行为态度、道德伦理等多种因素的总和。低碳文化观要求人们以"天人合一"的新理念替代"征服自然"的传统观念,并且运用低碳科技和使用新能源,从而在生产生活中的低能耗、低排放中遏制全球生态危机。

其一,要以低碳文化观促进社会生态价值和自然价值的实现。合理的低碳文化理念是以低碳价值观为基础的,而正确的价值观可以充当推动社会进步的精神动力,在社会变迁、文化理念冲突和价值发生扭曲时,能够保证社会发展方向处于正确的轨道。同时,它也会对外界事物作出是与非、好与坏、对与错的判断,制约着行动者的人生信念、行为

意志、生活态度乃至最基本的生存需求。其二,低碳文化理念有利于生态道德意识的培养。低碳文化理念倡导人类在实际活动中自觉实现低能耗、低排放,以维护全球碳循环平衡,遏制全球变暖,消除气候变暖带来的生态危机。作为一种高于工业文明的社会文明形态,生态文明倡导公众、群体和社会一起建构低碳文化观,并通过道德意识和伦理评价对相关行为主体施加影响。其三,以低碳文化理念促进社会生产关系的协调发展。低碳文化观是在全球气候变暖和环境危机日益加剧的背景下诞生的,试图通过清洁发展机制等国际规范的制定,从而政府的经济发展行为受到制度形式的约束,由此以法律法规的形式协调生产关系和促进社会向生态文明的转型。

二、低碳发展观:生态文明价值建构的现实保证

低碳发展观是低碳经济理论的有机组成部分。随着低碳经济进入到社会的各个领域,低碳发展观逐渐成为广大人民群众对经济发展和环保等多重关系的综合认知,是对人与自然、人与社会、人与人和谐关系的再认识,体现出人们对当前发展观的突破。详细而言,其主导是"低能耗、低物耗、低污染、低排放、高效能、高效率、高效益",旨在更新传统的发展观,在此基础上,使广大人民群众逐渐领略到低碳的价值与意义以及高碳对在整个社会带来的负面作用,使广大人民群众养成良好的低碳意识,并能够在生活中自觉地践行,使这一观念逐渐成为一种自觉,进而完成从传统资源消耗型增长模式到现代可持续发展模式的过渡,使得全社会不再停留在粗放型的发展模式上,在生态文明的基础上实现以人的全面发展为核心的发展理念转变。

其一,低碳发展观推动产业结构调整为生态文明提供产业依托。低碳经济基于可持续发展理念,其基本原则是资源的循环、利用和不可再生资源的有效替代,对环境与生态提供强有力的保护,最大限度地发挥资源的作用,实现社会的可持续发展。近年来,我国的环境条件日益恶化,人口数量也在不断增加。在这种形势下,要想实现生态文明,应当基于低碳发展观对现有的产业结构进行适当调整,以促进节能降耗和保护生态环境。其二,低碳发展理念促进增长方式转变,为生态文明建设提供物质条件。转变经济增长方式要求优化能源消费结构,实现技术革新和制度创新。特别是在全球能源短缺的情况下,抓住新一轮

科技革命带来的战略机遇显得尤为重要,促进以节约能源和少耗资源为核心内容的科技成果转化为现实生产力,为经济发展模式的转变提供了坚实的科技支撑。其三,低碳发展观促进了消费观念的更新和消费方式的转变,为生态文明建设提供了良好的民众基础。低碳发展观一方面考虑到自然资源的有限性,另一方面注重经济发展净效益的最大化,尽量强调减少能源和资源的无节制消耗,以确保人类社会经济发展过程中环境和资源利用的代际公平。

三、低碳创新观:生态文明价值构建的实践基础

工业文明发展一直以来都是以经济增长为目标,因而与生态环境和资源相关的负面外部效应被放大,需要从实践层面向低碳环保的生态文明转型。文明的变迁意味着由旧向新,由工业文明向生态文明的转变,意味着发展观念的更新和生产方式的变革。低碳创新观有助于破除传统观念的羁绊,为生态文明价值构建开辟新的途径。生态文明价值观的核心在于和谐共存理念,体现为天、地、人的相互依存,即人与人、人与社会、人与自然共存、协调和互补联系。总而言之,低碳创新观可以为实现生态文明核心价值提供必不可少的实践基础。

其一,倡导低碳创新观,为促进人与人之间的和谐发展提供动力。忽视人的生存环境、仅仅为物质利益所驱使的发展模式,使得人与自然、人与人之间的矛盾不断加剧,同时也造成了人的发展的不平衡。低碳创新观及其资源创新理念倡导低能耗、低排放的生产生活,必将促进人类旧思维、旧观念的更新和转变。通过低碳资源的创新,不仅可以提高现代人的生活质量,还可以减少占用和浪费地球上的有限资源,降低人与人之间因争夺有限资源而引发矛盾的可能性,实现人类向现代自然生活方式的转变。其二,倡导低碳创新观,为促进人与社会之间的和谐发展提供支撑。按照制度经济学的观点,在社会主体追求自身利益最大化的过程中,制度实际上是约束其行为的道德伦理准则。正因为有这种"博弈规则"的存在,社会交易成本才会大大降低,经济社会系统的稳定运行才得以维持并提质增效。低碳创新观符合生态文明建设的经济发展新模式,具有提高资源利用效率的基本价值。配套的制度创新将有效破解传统的制度约束,为人与社会的和谐发展保驾护航。构建与低碳经济相适应的法律法规和政策体系,通过强制性规则约束

各行各业的利益诉求,实现自然资源在各行各业之间的合理利用和分配。其三,以低碳为核心内容的生态文明,不仅要求人类改变过去"征服"自然和向自然"索取"的发展模式,而且需要技术这一不可替代的"利器"加以支持。但需要注意的是,生态文明范畴的低碳技术需要保持生态友好的价值观念,力求将技术创新培育成为生态文明建设的"助推器"。以低碳为目标的技术创新,旨在突破技术壁垒以高资源利用效率、开发新能源及减少碳排放,真正实现以低碳经济模式取代粗放式发展的工业经济模式。从而顺利以低碳技术创新推动经济社会向生态文明转型。

第二节　低碳经济发展与生态文明建设的相似点

生态文明是人类为建设美好生态环境过程中所取得的物质、精神和制度成果的总和,是人类继工业文明之后的一种新的文明形态。它是一项贯穿于经济建设、政治建设、文化建设和社会建设全过程的系统工程,反映了一个国家或社会的文明进步状况。低碳经济是以可持续发展理念为指导,通过产业转型、技术创新、新能源开发、制度创新等多种手段的综合运用,尽最大限度减少煤炭、石油等高碳能源消耗的经济发展形态。它通过以"低能耗、低污染、低排放"等"三低"为特征的经济模式,实现经济社会发展与生态环境保护的双赢。

一、生态文明建设与低碳经济提出的背景相似

生态文明是继工业文明之后人类文明的一种新的文明形态,是人类对几百年世界工业文明取得的成就及其后果进行的深刻反思。工业文明在大幅提高人类从自然界获取物质资源的能力的同时,也给人类社会带来了温室效应、荒漠化、臭氧空洞、生物多样性锐减等严重环境问题。因此,只有尽快创造出一种新的文明形态,人类才能实现经济

社会可持续发展。在这样的背景下,"生态文明"的概念应运而生。而生态文明这种文明形态是否能有效应对当前环境恶化和资源短缺的形势,人类就必须寻求一种低碳、环保、节约型的经济发展模式。正是在这样的环境下,"低碳经济"的概念呼之欲出。传统工业文明日益突出的弊端和困境,促使人类进行深刻反思并不断反省。生态文明是对传统工业文明的科学扬弃,是人类从更高层次上实现人与自然的和谐共处的探索成果。不同于传统的污染治理和生态修复,生态文明建设追求工业化与生态的融合,从而促进资源节约型、环境友好型的发展社会的实现。生态文明建设有利于将生态理念渗透到经济社会发展和管理的各个方面,而不是仅仅局限于生产生活领域,这些内容都与低碳经济追求资源和环境的代际公平正义的目标如出一辙。

二、二者的发展目标具有一致性

从国际背景看,上世纪第二次工业革命以来,人类以自己的智慧创造了前所未有的新的工业成就。但随着全球工业化的发展,各国政府和民众过分追求 GDP 和物质利益,人类创造财富的同时伴随着工业污染和环境破坏的巨大代价。雾霾侵袭、全球变暖及污染遍地等现象在世界各地频发,人类面临失去家园的威胁时刻存在。保护环境和美化生态的全球性问题的解决迫在眉睫,严重困扰着国际社会和各国政府。因此,越来越多的国家把生态文明建设和低碳经济发展作为 21 世纪提高国家综合竞争力的关键。尽管生态文明是一种崭新的文明形态,而低碳经济是一种崭新的经济发展模式,但是两者都有着共同的核心价值观,因为其关注对象和追求目标是一致的。两者均是为了寻求人与自然之间"和谐共处、相生共赢"的价值理念,以应对日益严重的能源紧缺和生态危机。在世界经济发展环境多变和资源能源约束趋紧的状态下,低碳经济在其价值体系中不仅体现了生态文明形态中"尊重自然、保护环境"的思想精髓,而且还蕴含着遵循生态文明建设中的人与自然和谐共处以及人与自然可持续发展的深层理念。

三、在实现途径和措施上具有通用性

一方面,低碳经济通过技术制度创新、产业转型升级和政策机制引导,促进整个国家或地区走上经济高质量发展之路。另一方面,生态文明建设也是以减少碳排放、降低能源消耗、保护生态环境为核心内容,有赖于低碳经济和低能耗模式的实现。两者在发展建设过程中都需要高新技术及产业政策支持,需要各国出台相应的法律法规。发展低碳经济有利于构建资源节约型和环境友好型社会,加快生态文明建设的进程。低碳经济发展的实质即为"低投入、低能耗、低污染、高产出",其本身即为实现资源节约与环境保护的辩证统一。因此,低碳经济发展有利于人与自然的和谐发展,有利于生态文明建设,有利于实现全面协调可持续发展。但发展低碳经济不是孤立地为低碳而低碳,而应该根据国际国内经济发展新形势,与本地区经济发展、产业结构调整及节能减排战略相结合。低碳经济还应以"减量化、再利用、资源化"为原则,并与低碳技术创新、循环经济发展有机结合。此外,还应倡导全民低碳意识,让低碳经济成为生态文明建设的重要支撑。

第三节　低碳经济发展与生态文明建设的耦合逻辑

一方面,工业化进程的加速和高新科技的发展,不仅给人类带来了巨大的物质财富和较高的生活水平,而且也相应带来了全球变暖、能源枯竭、环境恶化等负面影响,由此引发全人类对工业文明的理性反思,从而推动人类在更高层次上探索新的文明形态和经济发展模式。生态文明以可持续发展理念为核心,是人类社会继农业文明、工业文明之后的又一重大进步,已成为理论界普遍认可的人类社会发展的最新文明形态。另一方面,"低碳经济"概念在循环经济和生态经济理论的支撑下基本完成了学术建构,并日益成为国内外政界和学界共同关注的炙手可热的研究主题。这两个主题不仅在理论上有相辅相成的逻辑关系,而且在实践中也有相互支持、相得益彰。倡导生态文明理念,大力发展低碳经济,是彻底摆脱工业文明时代遗留的生态危机和能源危机,促进人与自然、人与社会和谐发展的重要途径。

一、低碳经济与生态文明的价值同构

正如"麦金太尔难题"所揭示,现代社会经常会面临不同文明或不同种族之间的价值冲突。随着世界经济发展越来越受到环境和资源的制约,各国不得不寻求一种新的文明价值观,以跨越不同文明和种族之间的价值差异,并有效应对人类共同的敌人——生态危机和能源危机。"生态文明"和"低碳经济"正是基于这样的背景而产生的,尽管前者属于一种文明形式,而后者属于一种经济发展方式,但是它们有着相同的核心价值观。

(一)低碳经济体现着生态文明自然系统观的实质

生态文明指的是人类遵循人、自然、社会和谐发展的客观规律所取得的物质和精神成果。虽然人是从自然进化而来,但在自然系统中并非唯一具有内在价值,人的价值只是自然价值的延伸。人作为自然界的一部分,其内在价值不可能大于自然界的整体价值。现代生态学还揭示,无论人类和社会的发展水平有多高,都只是地球生态系统的一部分,人类和整个人类社会的生存和发展的好与坏,在很大程度上取决于地球生态系统的平衡。正因为如此,人类的任何经济和社会活动都不能破坏地球生态系统的平衡状态,否则就必然会受到大自然的惩罚。虽然"低碳经济"一词被经常使用,但其确切内涵在学术界尚未达成广泛共识。作为一种新的经济模式,低碳经济具有生态环境成本低、社会经济成本低的优势。低碳经济第一次将人、资源和环境和作为经济的重要组成部分,把科学技术也纳入一个统一整体中来评价人类的实践活动。所以,低碳经济要求人类在进行生产和消费的活动中,不能完全把自己外化于人、自然和科学技术体系之外,不能违背经济学和生态学的发展规律,应该合理规划自然资源的保护、限制能源资源的滥用。人类所有的经济活动和社会发展,都不能超越地球上有限资源的承载能力和生态系统的平衡能力,这与生态文明尊重自然、热爱自然以及人与自然和谐共处的理念如出一辙。

(二)低碳经济蕴含着生态文明伦理观的责任伦理

在生态文明伦理观中,人在生存和发展不仅仅考虑人与社会的关系,而是扩展到人与人、人与社会以及人与自然的三组关系。人类应该深刻认识自然存在价值和生存权利,强化对大自然的责任和义务,不断尝试建立和完善合理的制度框架以协调这三组关系,从而实现人、自然和社会的共荣。责任伦理是生态文明伦理的本质,它强调人应该承担的对他人,特别是后代人生存和发展的充分的尊重和应有的责任。因为地球生态圈本来就是一个整体,这种保护与其说是为了人类自己,还不如说是为了大自然本身。从伦理学的角度看,低碳经济作为一种新的社会实践形态,以生态伦理为出发点的根本目的是建立一种人类对自然的道德伦理。在概念上,它强调人类不仅享有自然环境生存权,同时也应该保护生态和改善自然环境质量,其实这是权利和义务的平衡。在实践中,低碳经济强调高效利用能源和发展清洁能源,推动全社会向高能效、低能耗、低碳排放方式转变,实现了全球合力控制气体排放的目标。低碳经济明显不同于其他经济形态,最重要的一点在于它是囊括经济发展、能源消费和人类生活在内的所有方式的革新。低碳经济将经济活动、生态智慧和对自然的伦理关怀融于理论和实践层面,反对追求人类利益时以牺牲环境价值为代价,认为应该在环境利益上实现人与人、人与自然的公平。从这个角度上讲,低碳经济包含着生态文明伦理责任所持有的伦理价值取向。

(三)低碳经济遵循着生态文明可持续发展观的理念

生态文明与过去的农业文明、工业文明有一个共同点,就是认为在改造自然的过程中,应该促进生产力的发展和提高民众生活水平。然而其明显的区别在于,生态文明所持有的发展观是以资源和环境的承载力为前提,以人与自然、人与人、人与社会的和谐共处为宗旨,并追求代际正义。这就意味着,生活在地球上的每一代人都应当平等享有使用能源和资源,那么当代人在进行生产和消费过程中,就理所应当考虑到未来人的生存和可持续发展。从某种程度上而言,这种环境和资源的代际共享是经济社会可持续发展理念的核心所在。低碳经济支持通过技术创新及制度创新来促进能源减耗和污染减排,其根本目标是通过协调人与自然的关系来构建人与自然的友好关系,从而实现经济社会可持续发展,与工业文明阶段的"大规模生产、大规模消费、大规模污染"的恶性循环阶段截然不同。低碳经济寻求保持自然资源的质量及其提供的净效益,从而避免气候的灾难性变化和促进人与自然的和谐共处。因此,实现可持续发展是低碳经济和生态文明的共同追求。

二、低碳经济与生态文明的互动与支持

模式与理念的关系可以在实践与理论的互动与支撑中得到充分反映。一般而言,先进理念是新模式的催生剂,而新模式是先进理念的助燃剂。我们可以认为,生态文明是一种新理念,而低碳经济是一种低能耗的经济新模式。生态文明的兴起不仅为低碳经济的转型提供了理论依据,而生态文明建设需要依靠低碳经济发展和实践来推动。

(一)低碳经济:工业文明向生态文明转型的催化剂

工业文明时代遵循"人类中心主义"价值观,过多地关注如何尽可能多地通过自然资源开发来实现生产利润最大化,很容易形成以"高能耗、高排放、低利用"等"三高一低"为特征的经济发展模式。目前全球每年产生的二氧化碳已经超过230亿吨,比20世纪初增加20%,至今仍以每年0.5%的速度递增,这是全球变暖和生态危机的首要原因。据相关研究预测,到2030年全球海平面将上升约20厘米,到21世纪末将上升65厘米,严重威胁到低洼的岛屿和沿海地带。一旦生态系统结构和功能因为人为因素遭到破坏,生态系统自我调节能力和动态平衡就会被打破,轻则出现生态失调,重则导致生态灾难。为了应对日益恶化的气候和能源短缺,低碳节能的经济社会发展模式——低碳经济应运而生。低碳经济通过低碳技术推动产品、工艺、组织、结构创新,建立和完善以非化石燃料为核心、以可再生能源为支撑的能源结构,最大限度地减少整个社会生产和再生产活动的碳排放,促进经济社会与自然生态之间物质、能量和信息流动的良性循环,从而推动能源经济的革命性变革。它既能消除农业文明时代经济效率低下的弊病,又能缓解工业文明时代高耗经济造成的环境污染。低碳经济作为一种既高效又和谐的新型经济模式,无疑对人类社会由工业文明向生态文明的转型起到了催化作用。

(二)生态文明:推动现代社会向低碳经济转型的理论基石

纵观人类社会发展史,每一种社会形态的演变都与碳经济密切相关。人类在农业社会主要用木材、干草等提供能源,而用水能和牲畜提供动力,因此农业社会是以利用碳水化合物为基础的低碳排放。到工业社会之后,人类所依赖的动力转向以碳氢化合物为基础的石油、煤炭等化石能源,并以此为基础发展大型机械工业,从而导致高碳排放并引

致环境污染和资源枯竭。倡导生态文明的未来社会,依赖低碳或无碳能源的高效利用,将温室气体排放有效控制在最低水平,发展可再生能源以提高地球生态系统自我调节能力。因此,生态文明不仅在理论上为低碳经济提供了有效指导,在实践上也为低碳经济的快速发展提供了重要支撑。此外,不同的文明形态拥有不同的核心技术,每一次重大的社会变革都基于在重要的技术突破。农耕、养殖等技术促使人类从迁徙的狩猎文化走向定居的农业文明,以蒸汽机为主导的机器技术开启了大规模利用化石能源的工业文明时代,而以太阳能、风能、地热能、海洋能等可再生能源取代化石能源为标志的生态文明,将会颠覆以化石能源为基础的工业文明发展模式,为促进人类经济社会可持续发展作出更大的贡献。

第四节 低碳经济发展道路与生态文明建设战略

党的十八大报告提出了中国特色社会主义事业"五位一体"的总体布局,即"经济建设、政治建设、文化建设、社会建设、生态文明建设",强调"推进绿色发展、循环发展、低碳发展,从源头上形成节约资源、保护环境的空间格局、产业结构、生产方式和生活方式"。作为我国生态文明建设的重要组成部分,低碳经济发展对中国经济社会发展具有重大意义。发展低碳经济和建设生态文明是经济社会发展的主流方向,低碳经济是我国生态文明建设的战略选择。

一、发展低碳经济——生态文明建设的着力点

低碳经济的核心理念符合我国可持续发展战略的基本内涵,是贯彻落实科学发展观、转变经济发展方式、建设资源节约型和环境友好型社会等重大战略的延伸和拓展,也是我国高姿态进行社会主义生态文明建设的着力点。立足我国经济社会现实条件,探索一条符合时代要

求和中国国情的新型工业化道路,已成为我国政府必须解决的重大战略问题。发展低碳经济需要树立生态文明的技术创新价值观,提高能源利用效率,保护生态环境。低碳经济发展不仅需要生产方式向低碳转变,更需要引导人们的生活消费观念和消费方式也向低碳转变。这就要求人们从衣、食、住、用、行等方面入手,树立新的生活观和消费观,克服工业化以来形成的消费至上观念。纵观人类发展变迁,当前温室效应导致的气候变化已成事实,要应对长期的气候变化,促进低碳经济发展是必经之路。气候变化不仅是一个国家或地区需要关注的民生问题,也是全人类生存和发展面临的全球性问题,原因在于气候变化会带来全球持续变暖、臭氧层破坏严重、极地冰川加速融化等一系列不可逆事实。一旦生态环境恶化,"回头治理"的难度将会非常大。通过发展低碳经济降低能源消耗、减少"三废"排放、提高资源利用率,走循环发展之路、可持续发展、绿色发展之路,是有效保护生态环境和应对气候变化的有效途径。良好的生态环境是人与社会可持续发展的根基,是一个国家或地区长期发展的最大资本,拥有良好的生态环境地区会更有发展后劲。

尽管中国是一个资源大国,但不是一个人均占有量大国,能源、资源总量与人口持续增长的矛盾在相当长的时期内存在。当前中国正处于工业化、城镇化快速发展时期,各地多种资源消耗加快、矛盾愈发突出。虽然自生态文明建设力度加大之后,中国生态治理能力大大提高,但目前在经济发展过程中"高碳"特征仍旧明显。特别是一些地方中小企业技术装备相对落后,但由于受地方利益保护而勉强生存,但实际上投资高、能耗高、效率低等问题及能源利用率低的现状始终没有得到根本缓解。自 2010 年中国经济总量达到 41.30 万亿元,超过日本以来成为世界第二大经济体以来,中国 GDP 总量一直稳居世界第二位,2020 年中国 GDP 总量首次突破了 100 万亿元大关,完全可以说中国经济建设取得了举世瞩目的辉煌成就,但是我们必须看到的是,由于多年来片面追求 GDP 的快速增长,忽视了对环境的保护和对自然资源的节约,严重影响经济社会的可持续发展。正因为如此,党的十八大提出坚持走新型工业化发展的道路,加快资源节约型、环境友好型社会建设进程,并对生态文明建设提出了新的要求。摒弃过去只追求利润、不尊重生态环境的错误观念和认识,积极寻求经济发展与环境保护之间的合理平衡,将环境问题纳入政治结构和法律制度的框架。发展低碳经济有利于建立环境友好的生产和消费模式，促进无污染或低污染的技术、工艺和产品的开发和生产。

二、建设生态文明——发展低碳经济的落脚点

经济、政治、文化、社会和生态等五个方面是中国特色社会主义建设的核心内容。它们之间是相互联系和相互促进的关系，而且是一个不可分割的整体。因此，推动生态文明建设是中国特色社会主义建设总体布局的重要组成部分，也是科学发展观的内在要求之一。根据统筹兼顾这一科学发展观持有的基本方法，应该合理协调人与自然的关系，做好利用自然和保护自然同步走。低碳经济发展是生态文明建设的重要支撑，而生态文明是低碳经济的最终归宿。作为人类文明的高级形态，生态文明要求坚持可持续发展的理念，从文明的高度统筹生态保护与经济发展之间的关系，实现人与自然、环境与经济的协调发展。低碳经济发展要求必须加快转变经济发展方式，合理利用自然界的各种紧缺资源和能源，把人类生产生活对自然环境的影响降到最低限度。

生态文明既是一个理想境界，也是一个现实目标。生态文明既是一个生动实践，也是一个不可能一蹴而就的长期过程。改革开放以来，我国保持多年经济高速增长的同时，经济发展方式粗放且能源资源消耗过快。当前我国正处于工业化中后期，水、空气、土壤污染严重等传统工业文明带来的弊端日益显现。近年来我国环境保护工作虽然取得积极进展，但环境形势依然十分严峻，长期积累的环境矛盾没有得到彻底解决，而新的环境问题层出不穷。发达国家近百年来出现的环境污染问题，在我国快速发展过程中集中出现，并呈现出压缩型、结构型和复合型的特点。因此，我国生态文明建设面临着"补足工业文明的教训"和"走生态文明的好路"等双重任务，需要全国民众长期不懈的努力。应该要以生态文明理念为指导，把发展低碳经济作为生态文明建设的重要出发点，同时把生态文明建设作为低碳经济发展的落脚点，构建以低碳排放为特征的产业体系和消费模式，推动生态文明建设取得积极成效进步，进而推动全社会走上生产发展、生活富裕、生态良好的文明发展道路。

第四章

低碳经济与生态文明建设评价指标体系

生态文明建设需要低碳经济的基本维度,低碳经济发展则亟待生态文明理念的积极引导。两者之间不仅存在着伦理价值的趋同,而且在理论上也存在着相互依存的逻辑关系。低碳经济与生态文明协调发展评价指标体系是一个复杂的体系,既要考虑经济建设、社会建设、文化建设、政治建设和制度建设等五位一体总体布局之间的相互关系,又要考虑到环境、资源、社会、居民、经济、政策等多个因素之间的融合发展。本章首先分别探究低碳经济发展绩效评价及影响因素,以及生态文明绩效评价体系与考核制度,然后以此为基础研究低碳经济发展与生态文明建设综合评价指标体系设置的原则、选择及其实施。

第一节　低碳经济发展绩效评价及影响因素

气候变化引起人们对低碳经济的关注,并将可持续发展作为低碳经济发展的指导思想。可持续发展理念全面考虑经济、社会、环境和资源的融合与共生,不仅考虑资源和环境的承载能力,而且强调区域公平和代际公平。当前,气候变化和能源短缺等人类面临挑战亟待破解,世界各国命运共同体理念由此而生,而低碳经济正是应对气候变化和构建全球生态文明的重要途径。但如何对低碳经济发展水平进行测度,值得理论界深入探索。

一、低碳经济评价的相关研究

针对低碳经济发展的评价问题,许多学者进行了不同角度的研究。Keigomia 等人基于用情景分析模型研究北京市的碳排放潜力,得出居住区和商业领域节能减排发展空间较大的结论。付加峰等分析了低碳经济的资源禀赋、技术水平和消费方式等核心要素,构建了包含低碳产出、低碳消费、低碳政策及低碳环境等因素在内的多维指标体系。胡大立等以产业链构建模式为基础,从目标层、准则层、指标层等 3 个不同层次构建低碳能源、低碳产出、低碳消费、低碳废物处理、低碳社会环境、低碳科学技术等 6 个维度的低碳经济评价指标体系。在低碳经济评价方法的研究上,齐敏运用层次分析法对中国低碳经济发展状况进行评价。陈永国等采用四象限法,对河北省 30 个制造业的低碳经济发展水平进行综合分析。陈静等建立了灰色理想关联分析评价模型,对北京、上海、天津、重庆等直辖市的低碳经济发展状况进行评价。杨红娟等采用 DEA 模型综合测评云南省低碳经济发展效率及各地区低碳经济发展程度之间的差异。谢志祥等采用 DEA 模型和 Tobit 回归模型对我国 31 个省级区域的低碳经济发展绩效进行静态和动态评价。

总体而言,学术界对低碳经济发展评价问题进行了积极探索。多数学者从碳排放和碳排放强度的角度分析碳排放的现状,并运用 EKC 模型和分解分析模型对碳排放的影响因素进行分析,大多是从经济、社会、科技、环境等角度构建,一般涉及的指标面广,与可持续发展和生态经济的评价指标体系相差不大,但不能很好地突出低碳经济的特征。在指标的选择上,较多考虑碳排放量及其强度等因素,而忽视了国内不同区域经济发展及环境质量的差异。采用德尔菲法确定各子系统指标权重时,好处在于能够尽可能广泛征求相关领域专家对于不同指标权重的建议,但由于指标体系涵盖经济、社会、科技等不同方面,而不同地区不仅资源禀赋和生产水平有差异,而且不同地区经济社会发展状况及历史文化也不同,因此最终确定的权重可能针对某一地区是可靠的,但是对另一个地区却一定适用。

二、指标体系设计思路

在低碳经济评价指标体系设计上,本部分在从不同社会制度角度构建指标体系的思路上加以适度改进,构建三个目标层、五个准则层及 16 个具体指标的低碳经济指标体系,力求从不同角度反映了低碳经济发展水平,既体现低碳经济发展了质与量,又体现了与低碳经济相关的排放与吸收,从而更客观和全面地反映不同地区低碳经济发展的差异。

指标体系的三个层次如下:其一是目标层,即低碳经济发展水平,代表各地区低碳经济发展水平的综合体现,其目的是定量评价各地区低碳经济发展水平的现状和差异。其二是准则层,即总量、结构、强度、效率和碳汇等五个方面,意在系统反映一个地区低碳经济的发展水平。其三是指标层,即在五个准则层下所设置的包括碳排放总量等指标在内的 16 个具体指标。

三、指标体系设计及选取

根据以上指标设计思路,从总量、结构、强度、效率和碳汇等五个方面设计准则层。其中,总量指标反映低碳经济发展水平的高低,结构指标反映低碳经济发展质量的优劣,强度指标和效率指标反映低碳发展与整体经济发展之间的协调性,而碳汇指标反映固碳资源状况及碳减排的目前压力及将来潜力。根据准则层五个方面对低碳经济发展的影响，可以财务等权法确定其权重。

（一）总量指标

设计总量指标的目的是测算碳排放总量水平的高低，本研究中可以采用碳排放总量、人均碳排放量和人均生活碳排放量等3个指标。其中，碳排放总量指的是一个地区在一定时期内的总和碳排放量，一般可以看作是在生产、运输、使用及回收所有产品时所产生的平均温室气体排放量之和，主要受到该地区人口基数、人均收入、能源结构等多重因素的影响。人均碳排放量即为每单位人口对应的碳排放，由于它消除了不同地区人口密度的影响，因为这一指标使得不同地区更具有可比性，从而常用于国际碳减排谈判中。人均生活碳排放量反映了与人们生活相关的碳排放量。一般而言，经济水平越高的人，更倾向于选择高消耗的生活方式，人均生活碳排放量也会越高。

（二）结构指标

结构指标主要反映第一产业、第二产业、第三产业等不同产业部门对碳排放的贡献，由此可以追溯碳排放的主要来源所在，从而为国家或地区产业发展规划或者产业结构调整服务。结构指标主要包括三次产业碳排放系数及单位能源碳排放系数，可以反映一个区域产业体系的低碳程度，也是一个区域低碳经济发展质量优劣的指标。在中国未来将对能源的消费和二氧化碳排放进行总量控制的背景下，结构指标就更加受人关注。能源碳排放系数指的是单位能源的碳排放量，这一指标可以充分反映一个地区能源结构的低碳化程度，在目前能源资源紧张的态势下，这一指标也非常重要。

（三）强度指标

碳排放强度指标可以从碳排放角度来反映不同地区及不同产业部门的生产效率，该指标可以表示碳排放与GDP之间的关系。一般而言，一个国家或地区的经济保持增长态势，而其碳排放强度却在不断下降，则可以断断定其低碳发展趋势良好。强度指标主要包括整体经济的碳排放强度以及三次产业的碳排放强度等。其中，整体经济的碳排放强度，即每单位GDP的增长所带来的温室气体排放量，可以反映经济增长的质量和效率的高低。而第一产业、第二产业及第三产业碳排放强度即为与三次产业相对应的每单位产值增长所带来的碳排放，它们之间的相互比较可以反映不同产业之间生产效率和能耗方面的不同，从而为政策的细化及其实施提供依据。

（四）效率指标

效率指标主要反映经济体系中碳排放的产出能力和低碳经济的发展质量,主要包括碳生产率和碳排放弹性系数等两个指标。其中,碳生产率又被称为"碳均GDP",即一定时期内每单位二氧化碳的GDP产出水平。它与是"单位GDP的碳排放强度"呈倒数关系,因而成为衡量低碳经济发展水平的重要指标。碳排放弹性系数即一个国家或地区的碳排放增长率与经济增长率之比,可以反映碳排放增长与经济增长之间的相对关系。当碳排放与GDP两者的增长速度或趋势不相同时,即为产生了"脱钩现象"。当碳排放增长率为正但小于经济增长率时,称为"相对脱钩"。与之相对,碳排放增长率为零或负数,而经济保持正增长时即为"绝对脱钩"。总之,随着经济增长与温室气体排放之间关系不断弱化乃至消失,即基于经济增长的能源消费量逐渐降低,表明低碳经济发展水平越高。

（五）碳汇指标

与碳排放等指标正好反向,碳汇指的是通过植树造林、植被恢复、森林管理等多种措施,从大气中清除温室气体的过程、活动和机制。当然,其中必然涉及植物的光合作用及其二氧化碳的吸收、固化等生物化学反应,森林吸收并储存二氧化碳的能力密切相关。一般而言,由于每增加1公顷的森林蓄积量可多吸收二氧化碳1.83吨,因此森林在维持自然界大气中碳含量平衡方面起着重要作用。碳汇指标主要由单位碳的森林密度、人均森林面积和森林覆盖率等指标构成。其中,单位碳的森林密度即单位碳排放量所对应的森林面积,计算公式为森林面积/碳排放量,可以反映区域内碳汇的碳吸收压力。而森林覆盖率指森林面积与区域土地总面积的比值,森林覆盖率越高,则反应出森林对二氧化碳的吸收和贮存能力就越强。

在运用以上低碳经济评价指标体系加以测算时,有两个问题需要加以关注:其一是在指标层的16个指标中,既有正向指标,也有负向指标,见表4-1。对于正向指标,数值越大越好;对于反向指标,数值越小越好。例如碳排放强度越低,一个地区的碳生产率越高,低碳经济的发展水平越高。基于此,可以通过倒数变换将反向指数转化为正向指数。其二是由于指标性质不同,既有绝对指标,也有相对指标,而且每个指标的单位和统计指标都不同,没有统一的衡量尺度进行直接比较。因此,有必要对其进行规范,以便于相互比较,完善其相应的政策含义。

表 4-1　低碳经济评价指标体系构成

目标层	准则层	指标层
低碳经济发展水平	总量	碳排放总量
		人均排放量
		人均生活碳排放量
	结构	第一产业碳排放比重系数
		第二产业碳排放比重系数
		第三产业碳排放比重系数
		单位能源碳排放系数
	强度	碳排放强度
		第一产业碳排放强度
		第二产业碳排放强度
		第三产业碳排放强度
	效率	碳生产率
		碳排放弹性系数
	碳汇	单位碳的森林密度
		人均森林面面积
		森林覆盖率

此外,在确定指标和子系统权重时,可采用主成分分析法计算各子系统的得分,采用层次分析法进行综合评价。因为总量和结构从不同角度反映了低碳经济的发展水平,人均排放等总量指标反映了不同地区的现有低碳水平,结构指标综合反映了地区产业结构和碳排放结构,强度和效率指数反映了低碳发展与经济发展的协调性,而碳汇指数则是碳排放的减排指数,它反映了不同地区碳汇资源的状况以及碳减排的压力和潜力。五个子系统对低碳经济发展的影响相同,因此可以采用等权法确定各子系统的权重。在综合发展水平的判断中,通过对各子系统的评价,采用线性加权法计算出区域低碳经济的综合得分:

$$低碳经济发展水平 = \sum_{i=1} A_i Y_i \ (i=1,2,3,4,5)$$

其中:A_i 表示各个子系统得分,Y_i 表示各子系统权重。

第二节　生态文明绩效评价体系与考核制度

在 2020 年第七十五届联合国大会上,习近平总书记庄严承诺,中国采取强有力的节能降耗举措,力争 2030 年前二氧化碳排放达到峰值,2060 年之前实现碳中和。在新的形势下,建立和完善体现新时代生态文明要求的考核评价机制,是加快转变经济发展方式和促进经济可持续发展的重要举措。作为生态文明建设的基础性工作之一,生态文明评价既是定量评估、准确监测生态文明发展水平的重要基础,也是进行科学决策、合理实施的重要依据。因此生态文明评价不仅仅在于为生态文明建设提供了评价工具和方法本身,而体现在它可以为生态文明建设及其政策指引提供正确的方向。

一、生态文明评价的相关研究

国外对生态文明的研究相对较早。美国学者莱斯特首先提出了生态经济的概念和非线性可持续经济增长的新模型,开始从人类文明的角度看待生态环境。随着西方发达国家环境意识和环境运动的兴起,相继出现的生态环境研究方法主要有生态足迹、综合评价指标体系、环境可持续发展指数、环境绩效指数和环境脆弱性指数等。虽然国内对生态文明的研究起步较晚,但随着我国进入高质量发展阶段,生态文明建设被提到了前所未有的战略高度。自此,如何评价生态文明建设水平自然就成为近年来研究者关注的课题并取得了大量研究成果。这些成果主要集中在评价指标体系的构建、生态文明的跟踪、评价和预警机制等方面,研究范围小到村庄、岛屿和矿区,大到涵盖几个省份甚至整个中国。生态文明评价的研究内容主要集中以下三个方面,即生态文明的评价对象、评价方法、评价指标体系等,而评价对象主要集中于不同省份及其比较,而国家和县(市)级评价相对较少。与生态足迹法、实际节约法和能值分析法相比,该指标体系的综合评价方法得到了非常广泛的应用。因此,如何构建科学、合理、实用的生态文明评价指标体系,成为生态文明评价研究的热点和难点,也是当前生态文明研究中颇具争议的领域。

尽管上述研究做出了诸多有益探索,生态文明评价主要存在以下的问题:一是评价对象仍然不全面,缺乏对县、乡等小单位,特别是村(社区)的评价,此外,也存在基于生态系统的流域等相关生态区域评价与主体功能区战略不协调的问题;二是生态文明评价指标体系本身的复杂性,缺乏科学规范的评价指标体系,与原有评价体系缺乏有效衔接,缺乏权威数据是主要原因。三是但在指标选取、权重分配、制度协调等方面亟待改进。四是由于研究方向和主观偏好不同,所构建指标体系侧重点亦有差异,因而对同一目标的研究也会产生不同的评价结果。此外,在评价分析过程中指标的归一化处理欠佳导致准确评价存在难点。

二、生态文明评价指标体系的设定

(一)指标体系设计的原则

在考虑生态文明建设评价指标体系时,一般需要遵循以下原则:其一是数据可用性原则。为保证评价结果的客观性,选取的指标应是各类国家和地区统计年鉴、统计公报、有关部门公布的有关数据和通过间接计算得到的数据,从而避免评价主体的主观性对评价结果的干扰。其二是系统性原则。生态文明建设评价指标体系一般应从环境、经济、社会、政治、文化等方面进行系统设计,充分体现生态文明建设的内涵和主要任务,确保全面和系统。其三是区别对待原则。为体现国家主体功能区定位的差异,可以根据优化开发区、重点开发区、农产品主产区、重点生态功能区及禁止开发区的发展重点,根据其生态要求的不同来选择差异化的评价指标,避免各地区千篇一律。其四是导向性原则。建立科学的生态文明建设评价指标体系,注重经济与环境的协调发展。通过重点评估经济社会发展对生态环境的影响,引导政府部门落实绿色发展任务。

(二)具体指标的选择

根据以上指标体系设计原则,建立了生态文明建设分类评价的三级指标体系,具体包括一级指标 5 个,二级指标 13 个。一级指标包括生态环境、生态经济、生态社会、生态政治、生态文化等,充分体现生态文明建设的内涵和主要任务。其中,生态环境一级指标包含生态保护、污染治理、资源储备等 3 个二级指标。生态经济一级指标包含经济发展、循环经济、节能减排等 3 个二级指标,生态社会一级指标包含人口健康、公共服务、居民生活等 3 个二级指标,生态政治一级指标包含环境规制、政府绩效等 2 个二级指标,生态文化一级指标包含生态宣传、生态教育等 2 个二级指标。三级指标则根据经济社会发展水平、主体功能区定位及生态文明建设重点等情况,合理确定差异化的考核指标,并规定"参考性"和"约束性"两个属性的划分。其中,约束性指标要求政府、企业及个人必须完成,同时作为政府部门考核是否合格的主要依据。与之对应,参考性指标属于预期指标,重在引导政府、企业及个人努力完成,同时作为政府部门考核是否优秀的主要依据。当然,针对不同功能区而言,即使三级指标相同,其属性也可能会有存在差异。

1. 优化开发区域的考核指标

针对优化开发区,重在考核经济社会发展质量,因此在经济发展的三级指标的设置时,除了人均 GDP 之外,将现代服务业增加值 /GDP、高新技术产业增加值 /GDP、战略性新兴产业增加值 /GDP 等 3 个三级指标纳入其中,以便考核现代服务业、高新技术产业等生态经济类指标及生态环境类指标,同时关注生态环境、生态经济、生态社会、生态政治、生态文化的均衡发展要求,见表 4-2。

表 4-2　优化开发区域生态文明建设及其考核指标

一级指标	二级指标	三级指标	单位	属性
生态环境	生态保护	绿化率	%	参考性
		全年 API 指数小于 100 的天数	天	参考性
		城市水环境功能区水质达标率	%	约束性
		森林覆盖率	%	参考性
	环境控制	城镇污水处理达标率	%	约束性
		生活垃圾处理达标率	%	约束性
		噪音达标区覆盖率	%	约束性
		工业固体废物处理达标率	%	约束性
	资源储量	人均水资源量	立方米 / 人	参考性
		人均耕地面积	亩 / 人	参考性

续表

一级指标	二级指标	三级指标	单位	属性
生态经济	经济发展	人均 GDP	万元 / 人	参考性
		现代服务业增加值 /GDP	%	参考性
		高新技术产业增加值 /GDP	%	参考性
		战略性新兴产业增加值 /GDP	%	参考性
	循环经济	工业固废重复利用率	%	参考性
		工业废水重复利用率	%	参考性
		"三废"综合利用产值 /GDP	%	参考性
	节能减排	万元 GDP 煤能耗	吨 / 万元	约束性
		万元 GDP 水耗	吨 / 万元	约束性
		主要工业污染物排放强度	千克 / 万元	约束性
生态社会	人口健康	人口平均寿命	%	参考性
		基本养老保险覆盖率	%	参考性
		食品卫生抽检合格率	%	参考性
	公共服务	每万人拥有卫生技术人员	%	参考性
		每万人拥有在校大学生数	%	参考性
		每万人拥有公共交通车辆数	辆 / 万人	参考性
	居民生活	城镇登记失业人员就业率	%	参考性
		城镇人均住房面积	平方米 / 人	参考性
生态政治	环境规制	重点行业清洁生产审核执行率	%	约束性
		重点企业 ISO14000 认证率	%	约束性
		环境管理能力标准化建设达标率	%	约束性
		规划环境影响评价执行率	%	约束性
	政府绩效	环境污染治理投资总额 /GDP	%	约束性
		环境指标纳入党政领导干部政绩考核	%	约束性
生态文化	生态宣传	每万人拥有生态教育基地数	个 / 万人	参考性
		生态知识宣传教育普及率	%	参考性
	生态教育	中小学环境教育普及率	%	参考性
		生态文化产业 /GDP	%	参考性

2. 重点开发区域的考核指标

针对重点开发区,重在考核生态经济和生态社会,因此在生态经济的三级指标设置中,将高新技术产业增加值 /GDP、固定资产投资额完成增长率等纳入;在生态社会的三级指标设置中,将城镇化率等指标纳入,同时兼顾经济发展过程中的生态保护,见表 4-3。

表 4-3 重点开发区域生态文明建设及其考核指标

一级指标	二级指标	三级指标	单位	属性
生态环境	生态保护	城市绿地提高值	百分点	参考性
		全年 API 指数小于 100 的天数	天	参考性
		城市水环境功能区水质达标率	%	约束性
		森林覆盖率	%	参考性
	环境控制	城镇污水处理达标率	%	约束性
		生活垃圾处理达标率	%	约束性
		噪音达标区覆盖率	%	约束性
		工业固体废物处理达标率	%	约束性
	资源储量	人均水资源量	立方米 / 人	参考性
		人均耕地面积	亩 / 人	参考性
生态经济	经济发展	人均 GDP	万元 / 人	参考性
		第三产业产值 /GDP	%	参考性
		高新技术产业增加值 /GDP	%	参考性
		固定资产投资额完成增长率	%	参考性
		外商投资额增长率	%	参考性
	循环经济	工业固废重复利用率	%	参考性
		工业废水重复利用率	%	参考性
		"三废"综合利用产值 /GDP	%	参考性
	节能减排	万元 GDP 煤能耗	吨 / 万元	约束性
		万元 GDP 水耗	吨 / 万元	约束性
		主要工业污染物排放强度	千克 / 万元	约束性
生态社会	人口健康	人口平均寿命	%	参考性
		基本养老保险覆盖率	%	参考性
		食品卫生抽检合格率	%	参考性

续表

一级指标	二级指标	三级指标	单位	属性
生态社会	公共服务	每万人拥有卫生技术人员	%	参考性
		平均受教育年限	年/人	参考性
		每万人拥有公共交通车辆数	辆/万人	参考性
	居民生活	城镇化率	%	参考性
		城镇登记失业人员就业率	%	参考性
		城镇保障性住房覆盖率	%	参考性
生态政治	环境规制	重点行业清洁生产审核执行率	%	约束性
		重点企业 ISO14000 认证率	%	约束性
		环境管理能力标准化建设达标率	%	约束性
		规划环境影响评价执行率	%	约束性
	政府绩效	环境污染治理投资总额/GDP	%	约束性
		环境指标纳入党政领导干部政绩考核	%	约束性
生态文化	生态宣传	每万人拥有生态教育基地数	个/万人	参考性
		生态知识宣传教育普及率	%	参考性
	生态教育	中小学环境教育普及率	%	参考性
		生态文化产业/GDP	%	参考性

3. 农产品主产区域的考核指标

　　针对农产品主产区域，重在考核生态经济和生态环境，因此将生态环境的三级指标设置中，将农业灌溉用水有效利用率、农村水环境功能区水质达标率等纳入；生态经济的三级指标设置中，将农产品加工业产值、农业机械化水平等纳入。与此同时，兼顾农村社会发展，见表4-4。

表4-4　农产品主产区域生态文明建设考核指标

一级指标	二级指标	三级指标	单位	属性
生态环境	生态保护	绿化率（建成区绿化覆盖率）	百分点	参考性
		农业灌溉用水有效利用率	大	参考性
		农村水环境功能区水质达标率	%	约束性
		森林覆盖率	%	参考性

一级指标	二级指标	三级指标	单位	属性
生态环境	环境控制	农村污水处理达标率	%	约束性
		农村生活垃圾处理达标率	%	约束性
		工业固体废物处理达标率	%	约束性
	资源储量	人均水资源量	立方米/人	参考性
		人均耕地面积	亩/人	参考性
生态经济	经济发展	农民人均纯收入	万元/人	参考性
		农林牧渔总产值	万元	参考性
		粮食总产量	吨	参考性
		农产品加工业总产值	万元	参考性
		"三品一标"农产品市场占有率	%	参考性
		农业机械化水平	瓦特/公顷	参考性
	循环经济	农村沼气用户普及率	%	参考性
		农作物秸秆综合利用率	%	参考性
	节能减排	万元GDP煤能耗	吨/万元	约束性
		万元GDP水耗	吨/万元	约束性
		主要工业污染物排放强度	千克/万元	约束性
生态社会	人口健康	人口平均寿命	%	参考性
		基本养老保险覆盖率	%	参考性
		食品卫生抽检合格率	%	参考性
	公共服务	每万人拥有卫生技术人员	%	参考性
		平均受教育年限	年/人	参考性
		农业科技贡献率	辆/万人	参考性
	居民生活	恩格尔系数	%	参考性
		农村劳动力转移就业	%	参考性
		农村新农合参合率	%	参考性
生态政治	环境规制	重点行业清洁生产审核执行率	%	约束性
		重点企业ISO14000认证率	%	约束性
		规划环境影响评价执行率	%	约束性
	政府绩效	环境污染治理投资总额/GDP	%	约束性
		环境指标纳入党政领导干部政绩考核	%	约束性
生态文化	生态宣传	每万人拥有生态教育基地数	个/万人	参考性
		生态知识宣传教育普及率	%	参考性
	生态教育	中小学环境教育普及率	%	参考性
		生态文化产业/GDP	%	参考性

4. 重点生态功能区域的考核指标

针对重点生态功能区,重在考核生态环境,因此在生态保护的三级指标设置中,将森林蓄积增长率、生物物种多样性指数、水土流失和荒漠化治理率、主要河流断面优质水率等纳入。与此同时,注重生态环境保护与经济、社会平衡发展,见表4-5。

表4-5　重点生态功能区域生态文明建设考核指标

一级指标	二级指标	三级指标	单位	属性
生态环境	生态保护	绿化率（建成区绿化覆盖率）	百分点	参考性
		全年 API 指数小于 100 的天数	天	参考性
		城市水环境功能区水质达标率	%	参考性
		森林覆盖率	%	参考性
		森林蓄积增长率	%	参考性
		水土流失和荒漠化治理率	%	约束性
		生物物种多样性指数	–	约束性
		主要河流断面优质水率	%	约束性
	污染控制	城镇污水处理达标率	%	约束性
		农村生活垃圾处理达标率	%	约束性
	资源储量	人均水资源量	立方米 / 人	参考性
		人均耕地面积	亩 / 人	参考性
生态经济	经济发展	人均 GDP	万元 / 人	参考性
		第三产业产值 /GDP	%	参考性
		农林牧渔总产值	万元	
	循环经济	"三废"综合利用产值 /GDP	%	参考性
	节能减排	万元 GDP 煤能耗	吨 / 万元	约束性
		万元 GDP 水耗	吨 / 万元	约束性
生态社会	人口健康	人口平均寿命	%	参考性
		基本养老保险覆盖率	%	参考性
		食品卫生抽检合格率	%	参考性
	公共服务	每万人拥有卫生技术人员	%	参考性
		平均受教育年限	年 / 人	参考性
		农业科技贡献率	辆 / 万人	参考性

续表

一级指标	二级指标	三级指标	单位	属性
生态社会	居民生活	恩格尔系数	%	参考性
		农村劳动力转移就业	%	参考性
		农村新农合参合率	%	参考性
生态政治	环境规制	重点行业清洁生产审核执行率	%	约束性
		环境管理能力标准化建设达标率	%	约束性
		规划环境影响评价执行率	%	约束性
	政府绩效	环境污染治理投资总额/GDP	%	约束性
		环境指标纳入党政领导干部政绩考核	%	约束性
生态文化	生态宣传	每万人拥有生态教育基地数	个/万人	参考性
		生态知识宣传教育普及率	%	参考性
	生态教育	中小学环境教育普及率	%	参考性
		生态文化产业/GDP	%	参考性

基于主体功能区定位的生态文明建设分类考核,可以考虑与现行的政府绩效考核结合起来。省级可按以下流程实施生态文明建设考核:一是运用各主体功能区的考核指标体系,分别对县城生态文明建设绩效进行考核,综合测算各省县市生态文明建设绩效得分;二是按照我国主体功能区分类,第三,结合专家打分法和各省不同主体功能类型县市区所占比例,对同一主体功能区的县市区生态文明建设绩效进行评价,对各省纳入的不同主体功能区的重要性进行排序,确定各主体功能区的权重;第四,利用各省不同的主体功能区,将生态文明建设绩效得分乘以相应主体功能区的权重,得到生态文明建设的综合绩效。与省级生态文明建设考核相结合,还应进一步加快编制自然资源资产负债表,建立和完善离任审计制度、责任追究制度及激励约束制度;建立考核组织,制定考核办法,完善考核体系,进一步构建生态文明建设考核评价制度;建立完善党政领导干部政绩差别化考核机制,探索建立生态文明建设的追踪考核评价制度,进一步建立健全生态文明建设政府考核体系;改革完善资源环境生态统计,大力加强资源环境生态监测,推进资源环境生态信息公开共享,改革和完善资源环境生态统计监测体系;积极推进监督主体多元化,不断创新监督方式多样化,建立和健全生态文明建设社会监督体系。

第三节　低碳经济发展与生态文明建设综合评价

低碳经济发展理念不仅体现了生态文明价值建设的理论要求,而且进一步丰富和深化了生态文明建设的理论内涵。在追求环境公平和可持续性方面,低碳经济发展理念与生态文明价值建设具有内在的一致性,两者都旨在尽可能地避免资源枯竭和生态环境恶化,最终实现人与自然的可持续发展。

一、综合评价指标设置的原则

低碳经济与生态文明协调发展的指标设置,必须遵守科学性与实用性、系统性、整体性与层次性、独立性、可比性和可操作性、动态性与稳定性、政策友好性和公众化原则,全面准确地衡量经济社会发展中低碳经济与生态文明的协调发展状况。

第一是科学性与实用性原则,低碳经济与生态文明综合评价体系应充分反映低碳经济发展和生态文明建设的内涵。第二是系统性原则,低碳经济与生态文明综合评价体系应具备层次高、涵盖全、系统性强的特征,既要避免指标过于庞杂,又要避免因指标过少而遗漏重要因素。第三是整体性与层次性原则。低碳经济与生态文明综合评价体系既要有利于政府决策者在不同层次上对低碳经济的发展进行调控,又有利于决策者在整体上对资源进行有效配置。第四是独立性原则。选择评价指标不能遗漏或重复,尽可能降低指标间涵盖范围的重叠度,避免过分夸大或缩小研究对象的某个方面。第五是可比性和可操作性原则。指标体系设计应尽可能减少难于量化的定性指标的数量,提高评价体系的可操作性,同时要求评价结果在时空上具有可比性。第六是动态性与稳定性原则。在注重指标设置的动态性和指标权重的动态变化的同时,确保指标内容在一定时期内还应保持相对稳定性,便于比较和分析低碳经济与生态文明协调发展的过程并预测其发展趋势。第七是政策友好性和公众化原则。

二、综合评价指标的选择

低碳经济与生态文明协调发展评价指标体系，主要反映某一国家或地区低碳经济发展与生态文明建设的协调程度。目标层为低碳经济与生态文明协调发展综合指数；准则层为经济发展、社会进步、生态治理、环境改善、资源利用等五个方面。

其中，经济发展具有人均 GDP、GDP 增长率、第三产业增加值 /GDP、城镇化率、城镇居民可支配收入及农村居民可支配收入等 6 项具体指标；社会进步具有人口平均寿命、平均受教育年限、恩格尔系数、科技进步贡献率、R&D 支出 /GDP、每十万人专利数、每万人公众环境参与度、十万人火灾发生率等 8 项具体指标；生态治理具有碳人均排放量、第三产业碳排放强度、生活垃圾无害化处理率、城市污水处理率、工业二氧化硫去除率、水土流失治理面积、"三废"综合利用产值 /GDP、环境污染治理投资总额 /GDP 等 9 项具体指标；环境改善具有人均水资源量、人均耕地面积、单位碳的森林密度、人均森林面面积、森林覆盖率、绿化率（建成区绿化覆盖率）、水环境功能区水质达标率、空气质量达到二级以上的天数等 8 项具体指标；资源利用具有万元 GDP 煤能耗、万元 GDP 水耗、万元 GDP 电耗、单位能源碳排放系数、碳排放强度、碳生产率、碳排放弹性系数等 7 项具体指标，见表 4–6。

表 4–6　低碳经济与生态文明协调发展综合指数

目标层	准则层	具体指标	性质
低碳经济与生态文明协调发展综合指数	经济发展	人均 GDP	正向
		GDP 增长率	正向
		第三产业增加值 /GDP	正向
		城镇化率	正向
		城镇居民可支配收入	正向
		农村居民可支配收入	正向
	社会进步	人口平均寿命	正向
		平均受教育年限	正向
		恩格尔系数	正向
		科技进步贡献率	正向

续表

目标层	准则层	具体指标	性质
低碳经济与生态文明协调发展综合指数	社会进步	R&D 支出 /GDP	正向
		每十万人专利数	正向
		每万人公众环境参与度	正向
		十万人火灾发生率	负向
	生态治理	碳人均排放量	负向
		第三产业碳排放比重系数	负向
		第三产业碳排放强度	负向
		生活垃圾无害化处理率	正向
		城市污水处理率	正向
		工业二氧化硫去除率	正向
		水土流失治理面积	正向
		"三废"综合利用产值 /GDP	正向
		环境污染治理投资总额 /GDP	正向
	环境改善	人均水资源量	正向
		人均耕地面积	正向
		单位碳的森林密度	正向
		人均森林面面积	正向
		森林覆盖率	正向
		绿化率（建成区绿化覆盖率）	正向
		水环境功能区水质达标率	正向
		空气质量达到二级以上的天数	正向
	资源利用	万元 GDP 煤能耗	负向
		万元 GDP 水耗	负向
		万元 GDP 电耗	负向
		单位能源碳排放系数	负向
		碳排放强度	负向
		碳生产率	正向
		碳排放弹性系数	负向

由于以上具体指标的正负取向均有差异,因此在数据进行分析之前,需要对各个数据做同向化处理。公式(4-1)和(4-2)分别是正向指标计算公式和反向指标计算公式:

$$x^* = (x_{ij} - x_{j\min}) / (x_{j\max} - x_{j\min}) \qquad (4-1)$$

$$x = (x_{j\max} - x_{ij}) / (x_{j\max} - x_{j\min}) \qquad (4-2)$$

式中,x^* 是正向化值;x_{ij} 是 j 项指标的第 i 个样本值;$x_{j\max}$,$x_{j\min}$ 代表 j 项指标的最大和最小样本值。

此外,可以考虑采用因子分析和聚类分析方法,对低碳经济与生态文明协调发展进行综合评价。在因子分析的结果基础上,采用 Hierarchical Cluster 的聚类方法,对不同区域"低碳经济与生态文明协调发展"状况进行聚类分析。在聚类分析基础上,使用 Arc-GIS9.2 软件绘制区域生态文明建设会水平空间分异图,确定不同区域的生态文明建设发展的类型和空间分异特征。

对指标数据进行标准化处理后,对 5 个低碳经济与生态文明协调发展准则层,分别进行因子分析,并按照特征根大于 1 的原则确定因子数量。经过分析后五个生态文明子系统和生态文明大系统的因子数量、特征根大小、因子贡献率、累计因子贡献率、KMO 检验值及 Bartlett 球形检验的显著性 P 值,通过因子分析,可以得到不同区域低碳经济发展与生态文明建设协调水平的各个系统综合得分及排名,以及各区域间经济发展、社会进步、生态治理、环境改善、资源利用等分指标得分极差、中位数。在因子分析基础上,按照不同区域综合得分进行聚类分析。聚类方法选择沃德法(Ward Method),距离测试采用欧氏距离平方法。利用 SPSS 等软件进行聚类分析,将不同区域分成高水平区域、较高水平区域、中等水平区域以及低水平区域等类型进行对比分析。当然,此种分析方法仍存在依稀缺陷,包括所得到的评价结论仅仅适合于省域空间尺度的内部比较,在国家层面、地级市甚至县域等空间尺度上进行评价的信度和适用性有待进一步拓展。此外,从综合评价方法选择上看,除了主成分因子分析法之外,还可以更多地尝试神经网络法、层次分析法和模糊综合评价法等。

尽管生态文明建设与经济发展之间在局部和短期可能会有冲突,具体表现为自然生态规律与市场经济规律的冲突、不同区域间生态文明建设与经济发展的冲突等,但是低碳经济发展与生态文明建设相互依存、相互促进及其协调融合,其变化是整体性和长期性的。因此,确立"先保护、后发展"的基本原则,转变与生态文明理念相背的观念束缚,确立资源环境产权制度,依靠技术创新推动产业转型升级,建立健全区域生态保护补偿机制,进一步提升低碳经济发展与生态文明建设水平。

第五章

低碳经济发展与生态文明建设的
国内国际经验

为了应对由温室气体引起的全球变暖,世界上越来越多的国家开始重视低碳经济发展。1997年,《京都议定书》成为联合国气候变化框架公约之下的全球第一个温室气体减排的制度安排。三种减排机制在该协议被首次提出,包括国际排放权交易(International Trading, IET)、联合实施(Joint Implementation, JI)和清洁发展机制(Clean Development Mechanism, CDM),它们都是基于市场的灵活减排机制。综合国际国内发展形势,发达国家低碳经济发展起步比国内更早,因而国外各种政策工具均值得中国深入研究和借鉴。本章系统回顾和比较美国、英国、日本、德国等发达国家低碳经济转型的实践及其对中国的经验借鉴,并集中分析瑞典、丹麦、英国、荷兰、韩国等国外生态文明典型模式,以及库里蒂巴、哥本哈根、美国伯克利、埃尔兰根、瑞典马尔默、北九州、怀阿拉、新加坡等生态文明样板城市,并以选取节能减排、污染治理、环境质量等指标,采用改进的熵权法来确定生态一体化指标权重,对长三角生态一体化程度进行评价,并基于杭绍甬、苏锡常、广佛肇等城市群的实证测度,提出长三角地区生态一体化治理策略。最后,在大数据的基础上提出了农业生态发展趋势判断模型,利用层次分析法确定农业生态发展趋势指标权重,建立农业生态发展趋势评估模型,通过灰色预测模型预测农业生态发展趋势,并基于预测结果来判断断农业生态发展趋势。

第一节　发达国家低碳经济转型实践及经验借鉴

当前世界上大部分国家都在探索适合本国的低碳经济发展之路，特别是西方一些发达国家，把低碳经济作为本国的重要的发展战略之一，通过加快立法程序，制定强制性的减排措施，实行相关税收制度，完善碳排放交易流程，开发和创新低碳环保技术，不断探索新能源等途径，大力发展适应本国的低碳经济。

一、发达国家低碳经济转型实践

（一）美国：能源政策和立法政策综合使用

2009 年，美国开始实施"美国复兴和再投资计划"，将新能源作为重点发展领域，并大幅提升新能源总产量，特别是大幅提升新能源发电占能源发电总量的比重。同年，美国就迅速完成《国际清洁能源与安全法案》，并提出碳排放权交易制度理念和初步框架，以及 2050 年二氧化碳排放量减少 83% 的目标，标志着美国在节能减排上做出了非常重要的一步。此后，依托能源新政，美国低碳经济发展主要举措包括以下四个方面。

其一是能源战略转型升级。为美国居民提供短期退税优惠待遇，以对付能源涨价。提供大笔投资资助新能源研究，在创造就业岗位的同时，也为相关企业提供税收优惠措施。实施温室气体排放交易机制，通过市场化手段达到节能减排目的。

其二是推广智能电网计划，力争 2025 年可再生能源的发电量占比达到 25%。

其三是利用新能源技术。计划大幅提升风力、太阳能和地热发电能力，并增加在风能、新型沙漠太阳能电池板和核能等绿色能源领域的投资。

其四是发展节能建筑。大范围地对政府部门办公楼及学校建筑进行大规模节能改造,淘汰原有供热系统,推广新型节能环保设备。

（二）英国：基于气候税的一体化激励机制

进入 21 世纪,英国发布《我们未来的能源:创建低碳经济》,树立低碳经济社会发展总体目标,并表示通过激励机制促进低碳经济的快速发展,力争到 2050 年二氧化碳排放量减少 60%。英国基于气候税的一体化激励机制,主要包括实施气候变化税制、启动气候变化协议、创新碳基金等一系列相关政策。

其一是实施气候变化税收制度。到目前,英国实施气候变化税已经过去 20 年。根据能源的类型不同,英国对其设定不同税率,并通过三种方式将税收收入返还以增强激励:一是如果企业已经被征收气候变化税,则该企业员工国民保险费费率可适当下调;二是采用投资补贴方式,鼓励企业采用节能技术和使用环保设备;三是为政府和产业部门提供能效咨询、现场检查以及政策设计,为中小企业提供能效建设贷款。

其二是启动气候变化协议（CCA）。基于气候变化税征收导致能源依赖型企业承受较大压力,英国政府同时推出气候变化协议制度。对于达到欧盟设定温室气体减排目标的企业,政府给予降低气候变化税率的待遇,同时允许未达标企业参与排放交易机制。

其三是创新碳基金。根据气候变化税收制度为碳基金提供主要来源,重点关注三项领域:一是开展节能减排活动;二是开发低碳技术研发;三是提高公共部门和相关企业应对气候变化的能力。特别是碳基金实行独立管理和运作,通过严格管理以确保公共资金得以充分利用,对协调政府、企业和科研机构以培育低碳经济极为有利。

（三）日本：技术与立法并重

日本政府通过技术与立法并重的措施引导低碳经济发展,主要采用以下措施。

其一是实施能源科技发展战略。为了解决严重能源短缺问题,日本重点研发能源技术以提高能源利用效率。与此同时,日本发布国家能源战略,目的是发展节能技术,并通过发展风能、太阳能、植物燃料等可再生能源以减少对石油的依赖,并树立到 2030 年全国整体能效提高 30% 以上的愿景规划。

其二是全力研发低碳技术。加大科研投入资金,提高政府科技预算,增加政策性课题研发经费及战略重点科技研发经费,增加在国家基础骨干技术方面的资金投入,同时通过科技预算保障重点科技政策的资金投入。

其三是加强能源立法建设。以能源政策基本法为依据,针对石油、煤炭、电力、天然气等能源利用,分类立法以构建能源法律体系,并辅以相关政府部门分步骤推进和严格执法流程,进一步规范和支持低碳经济发展。

(四)德国:能源税、生态税和可再生能源法相结合

为实现整体经济向低碳经济转型,德国制定中长期规划,开发利用低碳技术,并利用经济手段刺激低碳经济发展。

其一是制定中长期规划。德国相继制定欧盟气候变化行动计划(ECCP)、国家能源效率行动计划(EEAP)和能源与气候一揽子计划(IECP)。其中,欧盟气候变化行动计划主要包括交叉减排、能源供应、能源需求、研究和开发(R&D)等方面;国家能源效率行动计划主要包括私人住房、商业、能源和包括公共部门在内的服务业、交通运输等。

其二是开发利用低碳技术。德国启动高科技战略,重点关注交通、通信领域以及气候和能源的技术及其相关活动,并投入资金研究气候保护技术和发展清洁能源。与此同时,在撒哈拉沙漠建设全球最大太阳能发电厂,计划2050年将满足欧洲地区15%的电力需求。除此之外,还计划建设满足5万户家庭用电需求的海上风力发电厂。

其三是利用经济手段刺激低碳经济发展。首先是征收生态税。针对国内能源短缺现状,德国对矿产能源、天然气、电力等项目征收生态税,鼓励开发太阳能、风能等清洁能源,同时降低工资附加费以让利于民。其次是政府实行财政补贴。德国政府对低碳经济的财政支持不仅体现在对生产者、消费者进行政府补贴,还体现在减免低碳产品企业的投资税以降低低碳产品的出口成本。

(五)意大利:实行低碳价格收费机制与认证制度

意大利政府严格履行《京都议定书》规定各项义务,鼓励发展可再生能源和低碳技术,实施激励可再生能源的"绿色证书"制度、提高能源效率的"白色证书"制度以及向欧盟提出的能源效率行动计划等。

其一是"绿色证书"制度。"绿色证书"是一种基于市场的激励机制,指的是国家电网管理局在使用可再生能源向国家电网输送电力后颁发的证书。市场的供给方是指经国家电网管理局批准投产的可再生能源生产企业,而需求方则是那些有着可再生能源生产或进口义务指标的生产者或进口商。它不仅是一种证明,更是一种具体的数量标准。一张证书意味着 5 万千瓦时的可再生能源生产能力,其有效期为 8 年。

其二是"白色证书"制度。"白色证书"又称能源效率证书(TEE),是意大利政府为降低能源消耗而颁布的一项激励措施。针对节约天然气、电能以及其他燃料三类企业,根据不同的注册项目,申请"白色证书"的企业有基本节能指标。电能和天然气管理局(AEEG)负责签发、评估并检查节能效果。AEEG 等政府部门对达到节能目标的企业给予经济上的奖励。如果节能效果超过规定指标,剩余的 TEE 可以流转和出售。如果节能效果达不到最低目标,可向市场购买 TEE,否则要受到经济惩罚。

其三是是能源一揽子计划。为切实落实《京都议定书》规定的减排目标,意大利政府出台了一系列财政措施来促进节能环保和可再生能源发展。在需求方面,意大利政府出台了诸如关于建筑物的能源认证,工业能效和光伏太阳能发电以及其他优惠政策。在供给方面,启动了首个能效与生态产业的创新计划,其中政府将对可再生能源领域、低环境污染新产品开发领域;以及可降低能耗的新技术的开发领域予以资金补助。

其四是能源效率行动计划。首先是继续开展建筑能源认证,给予液化石油气 GPL 减税,建立生态汽车园,减少污染奖励;农业能源体系优惠措施,促进减免高效工业电机、高效家用电器的税收;推广高产联合发电装置等。其次是讨论欧盟关于生态设计的法令,所有产品或服务必须有符合欧盟规定的能耗标签。再次是要求汽车二氧化碳平均排放量控制在 140 克/千米以内,相应节能 23 260 亿千瓦时/年,占总节能日标的 18%。

二、国外低碳经济发展的比较分析及对中国的经验借鉴

回顾美国、英国、日本、德国等发达国家低碳经济转型的实践,发现既有共同点又存在发展差异,通过系统比较可以得出对中国的经验借鉴之处。

(一)国外低碳经济发展的比较分析

其一,国外低碳经济发展的共同点包括以下三个方面:首先是认识到发展低碳经济的重要性,促进低碳经济的发展,并将其作为一项战略

规划,用来指导未来的发展方向。加快立法进程,采取相关税收制度以及碳排放权交易等经济手段,确保减排目标的实现,运用法律手段强制节能减排,发展低碳经济。其次是在能源方面,政府从政策层面和资金层面高度支持新能源研发和低碳技术创新,不断探索新能源。再次是发展低碳经济遇到的问题主要是相关产业的市场化程度不够。原因有两个:一是成本因素,二是垄断因素。无论是发达国家,诸如欧盟、美国、日本,还是发展中国家,诸如印度,上述内容都在低碳发展过程中有着明显的体现。

其二,国外低碳经济发展的差异包括以下三点:首先,由于欧洲和日本政府和行业对低碳经济的认识和措施更具前瞻性,在低碳技术产业化方面具有领先优势。例如,欧洲拥有世界领先的风力发电设备制造商 LM 和 Vestas,日本拥有世界领先的混合动力汽车制造商丰田和本田。当时,美国汽车工业没有意识到"绿色就是竞争力"。在环保汽车成为全球研发潮流的同时,它还在盲目地追求美式大排量车型,这使得美国三大汽车厂商一度面临破产重组的窘境。其次,美国的一些做法存在许多利益冲突和政策妥协。相对而言,日本的方式更加理性和合乎逻辑。日本是《京都议定书》的发起国,提出了防止全球变暖的新战略——"福田蓝图";然而,美国则退出《京都议定书》,石油业认为美国碳排放交易法案的分配制度不公平。最后,虽然在一些发展中国家中,场内碳的交易很少,一些高端的环境衍生品交易更是绝迹,但印度这个国家却走在了前面,这可以说是在发展中国家建立了一个真正的交易体系。虽然印度承诺人均 GDP 排放量不会超过发达国家的平均水平,但作为发展中国家,印度发展稍显滞后,且工业化和城镇化尚待完善,基础设施建设也未全面完成,因此,其碳排放量在一段时间内仍将呈上升趋势。此外,印度在发展低碳经济上所需的技术层面的创新能力和资本投入还不够。而传统的工业化道路需要消耗大量的资源和能源,受一些资源和环境容量的限制,这条道路难以维持。但是,放弃工业化进程又会影响到国家发展,这在短期内是矛盾而不现实的。

(二)对中国的借鉴

发展低碳经济是生态文明建设的基础之一。目前,尽管我国基本消灭了绝对贫困,但不同区域经济发展不均衡现象仍然存在。人口规模、城市化方式、工业化进程、消费方式和技术进步等发展特征牵制了我国发展低碳经济的进程,但无论如何,发展低碳经济势在必行。借鉴美国等一些发达国家低碳经济建设的经验及不足,根据低碳发展体系的总体结构(图5-1),为生态文明建设提供启示,并树立起低碳理念,营造低碳氛围,发展低碳经济,围绕建设低碳经济,推动中国生态文明建设取得长效发展。

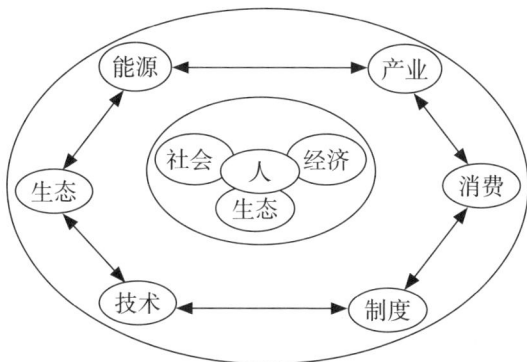

图 5-1　低碳发展系统整体结构图

1.确立低碳经济发展战略

进入21世纪,把低碳经济作为一种新的发展模式加以推行,已成为后金融危机时期世界经济增长的重要推力。欧、美、日等西方发达国家依托低碳领域的技术创新和制度创新优势,制定和实施发展低碳经济的中长期战略规划。譬如欧盟早在2007年就提出了发展低碳经济的"三个20%目标",即到2020年,欧盟温室气体排放量比1990年至少减少20%,到2020年,可再生清洁能源占能源消费总量的比重提高到20%,减少煤炭、石油、天然气等消费,天然气和其他可支配能源减少20%。借鉴发达国家经验,中国可以围绕发展低碳经济的战略目标和总体规划,通过一系列制度安排引导低碳经济有序发展;尽可能为低碳企业创造合理的市场空间和公平竞争的市场环境,制定优惠政策引领低碳产业发展;积极引导各类金融机构优先支持重点项目,促进资本引进以加大低碳经济发展的资金支持;谋求良性互动的产业结构调整结构调整,为企业创新低碳经济技术提供政策保障,加快产业和企业技术中心建设以促进低碳技术创新成果产业化;实施低碳人才工程,优化低碳经济相关的人才结构,提高科研人员开发低碳技术的创新能力等。

2.推动政府管理职能创新

欧、美、日等西方发达国家纷纷建立起低碳经济的财政与税收政策,作为促进低碳经济发展的重要支撑。为了促进可再生能源的发展,近年来英国政府推出了为期25年的可再生能源义务和气候变化税,以取代非化石燃料义务和化石能源税。目前我国低碳经济发展相关的经济政策手段仍没有充分发挥作用,应借鉴发达国家经验,中国可以低碳经济法及可再生能源法的配套法律,进一步修订有关能源、资源和环境保护等相关法律,提供有利于低碳经济发展的税收优惠、财政补贴等经济措施,在法律框架内采取强有力的经济政策手段,如气候变化税、气候变化协议、排放交易机制、碳信托基金等,完善碳排放权、用能权、排污权交易等制度,引导重工业低碳化排放。碳排放交易机制有利于实现区域和单位之间的利益平衡,通过建立碳交易市场和加强碳交易管理,从而进一步提高减排效率。一方面要规范交易规则、发展碳交易中介机构,并确保合理的交易价格;另一方面要建立绿色能源交易机制,将碳交易与鼓励清洁能源发展的政策相结合,调动全社会开发利用清洁能源的积极性。此外,政府可以考虑开征生态税,控制碳排放以降低社会总成本和促进企业公平竞争,并使企业在决定如何满足排放目标上拥有较大自主权,从而不断激励企业采用新的减排技术控制污染。

3.加大低碳消费意识引导

借鉴发达国家经验,高度重视高碳经济向低碳经济转型,把发展低碳经济纳入国民经济发展总体规划。在制度框架下向公众大力宣传低碳经济,提高全社会的环保意识和节能意识,引导低碳的生活方式,倡导由传统消费向循环消费和低碳消费转变,例如鼓励绿色出行,发展新能源汽车等,以实现可持续发展。低碳生活是一种新的生活理念,与传统生活理念不同,它是指在保证生活质量不断提高的前提下,通过改变消费观念和行为来开展各种活动。目前国际社会倡导的低碳生活方式比较著名的就是"5R原则",即"Reduce"意味着节约资源,减少浪费;"Reevaluate"意味着绿色生活;"Reuse"意味着重复利用;"Recycle"意味着分类回收;"Rescue"意味着保护自然、人与自然和谐相处。政府应积极倡导绿色消费、低碳发展的行为方式的同时,把低碳生活理念体现在衣食住行的方方面面。就我们个人而言,要从身边的点点滴滴做起,改变传统的高碳行为方式,比如减少用一次性筷子,用节能灯替代传统高耗灯具,乘坐公共交通工具、多走路、少开车。只有把生态文明理念真正被大众所接受,我国的生态文明建设才能取得实质性发展。

4. 推动产业结构优化升级

借鉴发达国家经验,要从制度发展角度调整优化产业结构。一般而言,高消耗、高排放的重工业在产业结构中的比重越高,经济的碳特征就越高;服务业在工业经济中的比重越高,低碳经济的特征就越明显。因此,构建更加紧密和谐的低碳产业体系,才能为我国低碳经济发展和生态文明建设提供有力保障。在推动产业结构优化升级的同时,针对环保、能耗、安全、质量等领域开展专项整治,以淘汰重污染和高耗能产业落后产能为目标,基本实现"低散乱"项目全面改造升级。借鉴浙江等地生态环保"十四五规划"要求,实施市场准入负面清单,制定动能转换替代清单,促进环境容量指标腾笼换鸟,实现环境资源要素优化配置。研究制定工业企业环保行政许可规范管理相应改革方案和排污许可证发证登记工作实施方案。按照新旧平稳过渡原则,全面推进固定污染源排污许可证清理整顿和发证登记,以改革的精神妥善处理历史遗留问题,实现排污许可全覆盖。

5. 积极开发可再生能源

目前世界范围内的节能减排和走向低碳经济主要依靠两个措施:其一是提高能源效率,其二是发展清洁能源。这两个举措的背后是全球各国趋之若鹜的节能和新能源创新技术。目前英国政府不考虑再投入过多资源用于新建核电站,把可再生能源技术的研发和示范放在重要位置,加大力度发展风能和生物质能。德国政府依托《可再生能源法》的实施来保障可再生能源重要作用的发挥,日本重点发展核能和太阳能等清洁能源,而美国高度重视可再生能源和清洁能源。借鉴发达国家经验,中国可以充分利用和发展风能资源、水电资源、潮汐能、生物燃料、太阳能、地热资源、核能等新能源,从而达到优化能源利用结构、缓解局部能源短缺和减少温室气体排放的目标。此外,还可以建立节能减排与可再生能源发展基金,为发展新能源产业提供有力的金融支持和服务。与此同时,实行资源要素差别化配置,对列入绿色标杆的高质量发展优势企业、优势项目和采用清洁能源降低污染物排放项目,在排污指标和能耗指标上给予重点保障。

6. 加强低碳城市建设步伐

低碳城市(low-carbon city)是以低碳理念重塑城市,用低碳思维和低碳技术来改造城市经济、生产生活和政府管理,实施绿色交通和建筑,转变居民消费观念,从而达到尽可能减少温室气体排放,形成低碳、简约、健康的生活方式和消费模式,最终实现城市可持续发展目标。低碳城市已成为世界各地的共同追求,很多国际大都市越来越关注在经济发展过程中的代价最小化以及人与自然和谐相处。低碳城市建设涉及生产、交换、分配和消费的全过程,努力减少温室气体排放、实现低排放甚至零排放是低碳城市建设的目标。此外,低碳城市还具有经济性、安全性、系统性、区域性、动态性等特点。全力推进生产绿色化,提升产业园区绿色发展水平,加快构建行业结构低碳化、制造过程清洁化、资源能源利用高效化体系。开发和推广节约、替代、循环利用和治理的先进实用技术,探索攻克尾矿库、飞灰、工业废盐等资源综合利用瓶颈。加快工程渣土消纳和资源化利用工程、医药行业废盐再生利用工程等一批资源利用项目建设,培育形成固废处置产业集群。推进土壤检测和修复、生活垃圾分类收集处置,降低环境污染,实现可持续发展。

7. 加强技术创新与研发

纵观欧美日等发达国家的低碳政策,政府在制定低碳发展规划和出台相关限制政策的同时,会给予低碳技术研发更多的支持,并侧重于改造传统高碳产业及低碳技术创新研究和应用。在低碳技术研发方面,欧盟的目标是追求录用低成本、低排放的世界级能源技术,英国和德国把发展低碳电站技术作为减少温室气体排放的关键举措,以期寻求降低碳排放的有效路径。特别是德国政府,极力鼓励企业进行低碳技术研发并提供充足资金支持以提高低碳产品国际竞争力。与在传统化石能源相比,绿色技术、节能技术和碳捕获与利用技术为主要内容的低碳技术是一种突破性创新,有利于缓解日益突出的人与自然的矛盾,促进生态平衡和实现社会和谐目标。这就需要加大高能效、低排放新能源利用技术和可再生能源开发技术的研发,加大节电、节水、节煤、节气、节油等生产生活领域节能技术的推广,积极探索和开发二氧化碳捕获、运输和储存等除碳技术的市场化应用,不断降低传统化石能源在能源产业结构中的比重,培育可持续稳定增长的可再生能源市场,改善和完善可再生能源发展的市场环境和制度创新,提高能源利用效率、缓解能源短缺和优化能源结构,以达到促进经济增长能源与环境协调发展的目标。

此外,中国还需要积极参与低碳国际合作。温室气体排放和气候变化是全球性问题,解决这一难题有赖于知识、技术和治理的全球化。因此,引进和消化先进的节能、减排和可再生能源技术,通过联合研发和合理转移,探索和实践环境可持续发展的新合作模式,以技术合作、经验交流、能力建设等多种形式开展具体项目的合作活动,以尽快缩小与先进低碳技术之间的差距。同时,积极鼓励企业从事低碳生产经营。特别是对低碳技术进行战略投资,密切研究和跟踪国际企业应对气候变化的情况,利用好国际低碳技术转移以加快实现技术跨越式发展,通过低碳产业规划、财税支持、金融融资支持等方式引导企业发展低碳产业和低碳产品。

第二节 国外生态文明建设典型模式及样板城市

生态文明建设的国际比较及经验总结,有利于我们深入分析自身存在的不足。如何更好地提升生态文明建设,需要结合当前形势,借鉴国外先进经验来思考和行动。上世纪 60 年代以来,英、德、日等国在生态文明建设方面积累了许多成功经验。本部分集中分析瑞典、丹麦、英国、荷兰、韩国等国外生态文明典型模式,以及库里蒂巴、哥本哈根、美国伯克利、埃尔兰根、瑞典马尔默、北九州、怀阿拉、新加坡等生态文明样板城市,对当前我国生态文明建设具有重要借鉴意义。

一、国外生态文明建设典型模式

随着工业革命的推动欧美国家进入工业文明阶段,伴随而来的是累积环境问题及全球生态危机。西方国家逐渐意识到过度关注经济增长的工业文明对自然带来的不可逆影响,因而开始探索和实践生态文明思想,促进人与自然的和谐共处。其中也不乏一些国家在生态文明建设方面取得了比较理想的实践成果。尽管北欧、西欧、东亚在经济、社会、政治等方面存在差异,但在生态文明建设方面都有一些共同的特点,如政府的大力支持、法律制度的完善等、注重生态意识的培养和生态理念的普及等。这些启示对中国生态文明建设都具有良好的借鉴价值。

（一）瑞典模式

北欧乡村拥有清澈的湖水和郁郁葱葱的森林，几乎没有人为破坏的痕迹。北欧国家中的瑞典在生态文明建设方面形成了独特的典范，无边无际的田野、牧场、森林以及自然村星罗棋布。在道路的转弯处，总是有零星的村庄，完美而有机地融入山野之中。瑞典是欧洲第一个倡导生态保护的国家，美丽的乡村与生态文明建设相得益彰。其一是生态环境。瑞典从源头上维护水资源，对排入河流的雨水进行管理，并要求工业企业排放气体必须得到环境法院的批准，从而确保生态环境的和谐发展。其二是生态产业。政府大力支持瑞典环保产业的发展，生态环保产业在瑞典工业收入中占有很大份额。在周边国家还没有真正重视污染治理的时候，瑞典已经走上环保治理和环保产业转型升级的历程。其三是生态生活。瑞典人生活中的环保意识无处不在，大街小巷的宣传画体现得淋漓尽致。因此，瑞典民众习惯于在住宅建设过程中选择环保原材料，居住过程中选择环保生态去消费。同时，积极利用太阳能等环保资源以提高居民的生态舒适度。总之，瑞典模式主要从生态环境、生态产业、生态生活等方面提高生态文明的渗透力。

瑞典生态文明建设带来启示包括以下三点：第一，从经济的角度促进生态文明建设可持续发展。瑞典政府制定多项优惠政策以鼓励保护自然资源行为，通过"瑞典转向可持续发展"提案，强调节能管理和资源循环利用。同时，从税收的角度实施各种污染行为治理，运用经济手段促进生态环境健康发展。第二，从法律角度促进生态文明建设可持续发展。瑞典在自然资源管理方面有着较为完善的法律框架，先后制定《自然保护法》《环境保护法》等法律法规，明确国家环境治理的目标。第三，要从教育的角度出发，培养节约资源、保护环境的意识。以各级各类学校为载体，以教育实践基地为依托，切实加强环境保护方面宣传教育，培养下一代处理现实环境问题的能力，提高全民生态守法意识，为国家生态健康发展积累能量。

（二）丹麦模式

丹麦在绿色发展和节能减排等方面做得比较出色，绿色发展理念和生态文明理念得到当地民众支持。其一是绿色发展的初衷。20世纪70年代之前，丹麦能源消费多以进口为主进口。然而两次世界石油危机导致油价大幅上涨，丹麦的国际收支逆差急剧恶化。由此，政府开始采取有效措施优化能源消费结构，以减少对能源的依赖，并取得了积极成效。其二是绿色发展转型。作为石油和天然气的净出口国,目前丹麦在可再生能源的开发和利用方面是欧盟成员国中的佼佼者。由于较好地采用节能技术和大力发展可再生能源,与其他发达国家相比,丹麦的多项环境监测指标普遍占优。可以说,丹麦模式是在能源安全问题迫在眉睫的情况下,当地政府"自上而下"实施的绿色发展转型。

丹麦模式带来的启示包括以下三点:一是政府主导与政策扶持相结合。丹麦政府以国家战略高度推动低碳经济发展,制定了符合丹麦国情的低碳经济发展战略,成立了能源管理局和气候变化政策委员会,做到节能优先与大力开发优质资源齐头并进,合理引导低碳消费方式和低碳结构调整。二是通过立法为低碳经济发展提供坚实保障。丹麦首先在欧盟实施绿色税收改革,对于电动汽车等节能环保产业实施税收减免,同时加强公共基础设施和环保设施建设。三是推动技术创新和绿色产业发展。在发展绿色项目方面,丹麦采取综合政策的同时,调动全社会力量以增加能源领域的研发和投入[①]。

(三)英国模式

英国拥有整治雾都的成功经历,英国生态文明建设模式有以下特征:其一是生态文明建设历史悠久。英国在圈地运动中积累了大量的资本,为工业革命做了很好的前期的准备,使英国成为世界上第一个资本主义经济强国。上世纪60年代,城市化的推进导致大量农村人口涌入伦敦大都市,导致严重环境污染和人口贫困现象,伦敦的"雾都"由此得名。因此英国较早认识到生态文明建设的重要性,历经200余年的发展,英国在生态文明建设方面取得了一定的成效。其二是政府大力支持城镇化发展。当前英国城市中心已逐渐向郊区转移的趋势,作为连接城乡的纽带,郊区很好地促进了城乡协调发展。1947年,英国颁布《城乡规划法》,规定土地所有者不能擅自改变土地的农业用途,改变农业用途的私人土地必须向政府缴纳税收。此后相继制定《新城法》《村土地法》等法律法规,从法律框架上加强对土地利用的调控。其三是从法律上保障自营农场发展。政府继续通过立法补贴的方式促进农业规模经营,政府支持和法规完善工作进展顺利。

英国模式带来的启示包括以下三点:其一是进一步完善生态文明

① 车巍.丹麦绿色发展经验对我国生态文明建设的借鉴意义[J].世界环境,2015(05):28-31.

制度建设。英国建立土地制度等一系列相关的政策和制度,大力促进了农业经济发展以为工业革命提供有效的物质保障,同时城市化进程逐步加强。二是实行自营农场经营模式。将土地所有权和使用权在一定程度上加以分离,有效地给予土地使用权人利用土地的最大权限,从而促进农业生产效率提升和农民收入增长。其三是及时有效转移农村剩余劳动力。工业化发展与农民逐步市民化同步进行,充足的劳动力资源源源不断流入城市工业部门,有效地促进了城市工业化的飞速发展,而农村人口不断减少反过来增加了农村人口的平均收入水平,最终缩小了城乡生活水平和收入之间的差距,有利于实现国家文明建设的健康发展与和谐发展。

(四)荷兰模式

荷兰地处西欧中部,国土面积相对较小,但却是世界上最富有的国家之一。总体而言,荷兰城乡自然景观颇丰,生态文明程度较高。荷兰生态文明发展模式的特点如下:其一是土地市场运相对作成熟。目前荷兰的土地制度是私有制,拥有成熟的土地市场。土地所有者可以自由租赁或出售土地,政府也可以参与土地市场交易。其二是城市圈的发展基本成型。荷兰国总体空间规划以沿江而建的中小城市为主,交通发达的中心城市的周边环绕着郊区和农村,从而全国形成了以城市为中心、以郊区和农村为半径的多个城市圈。其三是重视乡村景观建设。荷兰倡导旅游业开发,重视乡村景观建设,通过政府的宏观调控措施进一步促进农村农业发展。

荷兰模式带来的启示包括以下三点:一是相对灵活的政府管制。荷兰政府与许多欧洲国家的不同之处在于荷兰政府拥有大量土地。在土地交易中,政府作为一个普通的买卖参与者,而不是作为一个立法者,因此不会享有不平等的特权。因此,政府完全可以通过土地交易进行经济宏观调控。其二是城乡界限逐渐变得模糊。荷兰的城市相对较小。从乡下开车到最近的中心城市只需要一两个小时,小而精致的城市圈大大削弱了城乡之间的界限。三是乡村旅游发展迅速。荷兰乡村旅游发展对生态环境保护思想的普及起到很好推动作用,反过来,政府环境保护政策又进一步加强了乡村旅游经济发展的提速。

(五)日本模式

日本整个国土面积相对较小,不仅土地资源宝贵,而且自然资源稀缺,但日本国民却拥有良好的生态素质。其生态建设亮点主要在于:

其一是土地革命的推进。由于历史原因,日本进行的每次土地改革都伴随着深刻的制度变迁。一般来说,土地改革的最终目的是加快农业发展和保护农民利益,基于此,20世纪60年代,日本政府出台了多种鼓励农地分权占有和集中管理的政策,建立多种形式的农业合作组织并支持其进行土地流转,从而在一定程度上对农业生产规模扩大有利。其二是实行严格管理和规模经营策略。正因为日本农村住房转移制度比较完善,政府鼓励城市人口到农村居住或投资。但在土地利用方面,日本政府不允许擅自改变农村土地的用途。总之,日本模式不断完善土地经营制度,逐步提高农民收入,并附加严格的土地管理制度、完善的农业合作组织和规模经营,大大促进了日本农业经济及生态环境的发展。

日本生态文明发展模式带来的启示包括:一是周边小城镇便利的交通、完善的基础设施,以及国家公共资源的无障碍和无差别流动,是日本生态文明高度发展的重要原因之一。与此同时,在受教育权和工作选择上不存在城乡户籍歧视,这样一来,城乡差距可以进一步缩小,这也是日本城乡一体化发展成功的秘诀。二是基本土地制度和农业政策有效保护了农民利益,这是农民增收的基本条件。特别是日本发达的农村土地和农村居民转移制度,以及合理的农村农业合作制度,是日本农业和生态稳定提升的最佳保障。三是以大城市和周边农村中小城镇为依托的经济圈建设,由于资源流动自由、公共设施齐全,对大城市压力减轻和城乡协调发展促进具有重要意义。

(六)韩国模式

与日本一样,韩国不仅人均土地面积很小,而且自然资源极为稀缺。韩国在生态文明建设方面成绩主要表现如下:其一是新村运动。20世纪70年代初,韩国为了摆脱农村贫穷落后的状况,提出了新村运动,意在促进工农业协调发展和国民经济的稳定发展,有效地处理城乡发展面临的环境污染顽疾。中央政府不仅为居民免费提供重建房屋、道路等基础设施的资金,而且选取新村运动示范村进行逐点逐面建设,很好地提高了国民建设美好新家园的积极性,在较短的额时间内改变了韩国乡村的面貌。其二是农民素质大大提高。新村运动的开展使得农村基础设施数量和质量迅速转好,农民收入和国民生态素质同步跃进。

韩国城乡一体化发展新村运动模式带来的启示包括以下三点:一

是政府主导。韩国政府既是新村运动的倡导者和发起人,也是直接参与的有力组织者和推动者。新村运动初期,政府把农民迫切需要提升的生活环境作为重中之重。通过采取多种措施增加农民收入,调动了农民大众建设美好家园的主观能动性。二是充分发挥农民的主体作用。政府重点支持村民自治权的建设,充分发挥村民的主动性和自主权,而政府更多地只是在政策和技术上给予适当引导和支持。特别是到了新村运动中后期,确认农民素质水平已经提高之后,政府就开始逐步退出新村运动,让市场中的企业、个人和农户有更多的经济自由权。三是教育引导全民动员。韩国一直在不断加强新村教育,长期以来正确落实政府意图已成为全体人民的自觉行动。

二、国外生态文明样板城市

自20世纪70年代生态文明城市概念提出以来,库里蒂巴、哥本哈根、美国伯克利、埃尔兰根、瑞典马尔默、北九州、怀阿拉、新加坡等生态文明城市在实践中卓有成效。

特别是在土地利用方式、交通方式、社区管理方式、城市空间绿化等方面,这些生态文明样板城市为其他国家的生态文明城市建设提供进而范例。

(一)"巴西生态文明之都"——库里蒂巴

作为巴西南部巴拉那州首府,库里蒂巴早在20世纪80年代就被誉为巴西最清洁的城市,基于可持续发展的城市规划得到了世界各国公认。1990年,库里蒂巴被联合国命名为"巴西生态城市"和"城市生态规划模式"。其生态文明建设的主要经验如下。

其一是实施导向式的城市开发规划。上世纪六七十年代,巴西库里蒂巴市逐步扩大综合交通网络和道路网,采取多种土地利用措施提高和保障城市居民生活质量。首先,库里蒂巴通过追求高度系统性和渐进性的城市规划设计,实现了土地利用与公共交通一体化。其次,库里蒂巴还鼓励土地利用与开发混合,总体规划以城市公共交通线所在道路为中心,划分所有土地利用与开发密度。此外,在综合交通网络和道路网络的发展中,城市主要沿多个结构轴发展走廊以优化区域生态空间。其二是对市民进行环境教育。库里蒂巴非常重视市民环境责任感的培养,儿童在学校接受生态环境教育,而公众可以在环境大学免费接受可持续发展教育。其三是社会发展注重可持续性。库里蒂巴名为"垃圾不是废物"的垃圾回收项目成为举世闻名的社会公益项目,政府建立机制和激励措施并发动市民参与可再生资源回收工作。其四是鼓励社会各界全员参与。除了制定城市总体规划之外,库里蒂巴依靠正确的体制机制和激励措施,其中一个关键点就是公布土地公共信息。如此一来,任何人如果要取得或更新土地经营许可证,都必须提供项目对基础设施需求和其他市政方面影响的信息,库里蒂巴市政府可以利用这些信息来避免土地投机。库里蒂巴"免费环境大学"向公众提供实用短期课程,这些课程与环境保护相关,且是某些行业获得职业资格所必需的条件之一。

(二)世界生态文明城市的范本——丹麦哥本哈根

作为丹麦首都,哥本哈根是丹麦的政治、经济、文化和交通中心,也是北欧最大城市之一。哥本哈根位于丹麦锡兰岛以东,与瑞典第三大城市马尔默隔海勒海峡相望,是集商业、工业、文化于一体的港口节点城市。哥本哈根连续多年被评为"最适合人类居住的城市",成为世界生态文明城市建设的优秀典范,特别是在节能环保领域的成功实践值得借鉴。其生态文明建设的主要经验如下。

其一是城市规划要摒弃"旧城蔓延"及"摊大饼"式的城市扩张模式,城市生态项目应注重节能环保。要坚持"少占良田、改造荒地、营造宜居环境"的原则,建设新的郊区和卫星城。与此同时,通过专业的设计陈述和严格的公开听证程序,选择实施城市更新生态要素的试点项目。其二是坚持城市生态空间优化,市民合作彰显环保理念。加强与各类民间组织和市民的合作与交流,在侧重推广绿色账户的基础上设立生态市场交易日,记录了企业或家庭乃至一所城市日常活动的资源消耗情况,为有效降低资源消耗和循环利用提供有效参考。其三是构筑便利的交通基础设施和良好的生态环境,确保民在家门口 1 公里之内就能使用轨道交通,生态绿地占城市总用地 40% 以上,建设便利的步行、自行车系统与公交系统衔接,任何地方步行到达附近绿地的时间维持在 5 ~ 7 分钟之内。其四是加强生态环保意识宣传和引导。环保意识渗透到民众日常生活之中,也成为制定城市公共政策的重要基石。为防止地球气候变暖,哥本哈根是全球首个颁布实施强制性"绿色屋顶"法规的城市,城市生活小区垃圾分类多达 25 种,很多城市家庭建立废物管理机制,不少村庄建设存放废旧物品的公共小屋,生态环保意识已经内化为城乡居民的实际行动中。

（三）全球生态文明城市的样板——美国伯克利

人口密度相对较低的伯克利是加州生态城市的杰出代表，这得益于一系列生态文明城市建设活动由"城市生态研究会"推动在全市展开，并强有力地促进了城市的可持续发展。伯克利致力于为人们创业提供一个健康美丽的环境，并优化城市满足人类需要和愿望的功能。目前伯克利已成为全球"生态文明城市"建设的典范，在城市建设规划、新能源开发应用及历史文化遗产等方面亮点纷呈，因此被誉为全球生态文明城市建设的典范。其生态文明建设的主要经验如下。

其一是城市规划重在回归自然。生态城市具有三维的、一体化的特征，要尽可能减少对自然的"边缘破坏"，最大限度地防止城市无序蔓延。按照分区规划导则进行基础设施建设，并依据生态适宜性来最大限度保留城市建设的自然特征。其二是新能源利用与生态节能两者并举。通过加大热能、风能、生物能等新能源的开发，进一步优化城市能源结构，减少能源消耗与排放。与此同时，制定《伯克利住宅节能条例》，组建首个市政节能机构指导节能管理工作，并通过经济激励和宣传教育等措施倡导生态节能意识。其三是土地利用突出生态保护。充分发展娱乐和开放性空间土地，严格对生态脆弱区域采取自然保护区、城市绿地和社区公园相互衔接的三级式保护，从而将其有效串联起来使其发挥更大效用。其四是依托教育服务业促进生态产业发展。依托伯克利大学发展医疗、化学等高新技术，大力发展生态有机农业，有效促进城市生态的可持续发展。

（四）德国生态文明城市的先锋——埃尔兰根

德国生态城市案例涉及环境、规划、建筑、住房和交通等多个领域，如爱尔兰根的城市政策、柏林克洛茨堡的街区重建、汉诺威康斯堡的新街区建设、汉堡港新城的大规模重建与开发等。尽管埃尔兰根是德国的一个仅有 10 万人口的小城，但却凭借节地、节能、节水措施进行生态系统恢复及综合生态规划，同时考虑环境、经济和社会的需求和效益，成为德国生态文明城市的先锋。其生态文明建设的主要经验如下。

其一是与德国许多生态文明城市一样，从交通和能源出发，在交通规划中摒弃多年来其他城市普遍实施的"车行为主"的原则，出台措施限制汽车的特权，尽可能减少和限制在市区、居住区的汽车使用，鼓励以环保方式为主的城市活动，出台以慢行为主的城市交通政策，鼓励和促进对有利于环境保护的交通方式。其二是广泛开展节能、节水节气等活动,在资源利用中尽可能避免对水、大气和土壤的污染。与此同时,新能源的开发和应用也是埃尔兰根生态实践的一个非常重要的方面。其三是重视与区域之间的协调。在景观规划的基础上制定可持续发展总体规划,高度重视重要生态功能区的保护和建设。在城市区划规划中充分尊重生态限制,确保经济和社会在生态承载力范围内快速健康发展。其四是重视生态建设。实施绿廊规划,在分区规划中充分考虑建设贯穿和环绕城市的绿色地带,确保城市中任何一个住与绿地之间不超过步行或骑车 5 ~ 7 分钟时间的距离。此外,进一步扩大城市的自然边界,保护森林、河谷和其他重要的生态城区。

(五)世界文明生态城市领跑者——瑞典马尔默

作为瑞典第三大城市,马尔默长期以来一直是一个工业城市和贸易城市。然而,由于高新技术产业发展的冲击,马尔默因老工业基地脱胎升级而面临着城市转型。基于"生态可持续发展和未来福利社会"的共识,中央及当地政府希望将马尔默西部沿海地区改造成为世界领先的可持续发展地区,进而成为举世公认的生态文明领军城市。其生态文明建设的主要经验如下。

其一是将坚持可持续发展作为基本国策。将加快可持续能源系统开发、摆脱对石油的依赖和全面实现可再生能源化作为能源战略的指导原则,尽可能降低能源对人类健康、环境以及气候的不利影响,促进生态平衡和经济社会可持续发展。其二是立法先行。瑞典颁布了一系列关于合理利用能源和节约能源的强制性法律法规,并根据技术发展不断修订完善,以指导和规范企业行为。为保证《条例》的贯彻实施,政府还制定了许多具体可行的监管措施和行业标准,必须予以贯彻执行。三是建立政企合作机制,实施能源战略。瑞典从中央到地方建立了能源管理咨询机构,协调和指导政府政策和资金投入,使之符合市场经济规律和高效稳定原则,推动能源系统向生态平衡系统转变。四是采取财税引导和相关经济措施。瑞典成为世界首批开征二氧化碳税和发布政府能源研究发展计划的国家,同时为鼓励企业使用生物能源和本地能源,政府还引入基于电力市场的电子证书系统,根据企业使用生物电能占用电总量的比例给予税收减免优惠。

(六)日本第一个获"全球 500 强奖"城市——北九州

北九州一度是日本污染最严重的重工业城市,规模小且资源匮乏的北九州已成为生态环境治理的典范。1990 年,北九州被联合国环境规划署授予第一个"全球 500 强奖"。北九州依托"环保产业振兴地方经济,创建资源循环型社会"的生态文明发展理念。其生态文明建设的主要经验如下。

其一是产、学、研一体化发展。依托传统技术和人才优势,集多方力量共同建设"北九州学术研究城",在机器人、半导体、汽车、尖端环保技术等领域开展循环技术研究,将环保教育和基础研究与技术验证研究、产业运行有机结合,依托"亚洲门户"的区位优势开拓亚洲环境市场,为构建国际资源循环利用体系提供交通支撑。其二是生态环境治理与经济发展同步。建立基于改善污水处理系统、发展城市绿地以及扩建废物焚烧场和填埋场的财政支持项目,以资源循环利用为契机促进新兴产业发展和技术创新。其三是政策法规与宣传教育相结合。建立和完善包括基本法、综合法、专业法等层面的国家循环经济法律体系,制定"北九州市公害防治条例"以明确企业、政府、科研机构和市民的责任和行为规范,建立生态工业园区补偿金制度、工业废弃物征税条例、环保项目税收优惠等有效政策;发展以培养环境政策、环境技术人才为中心的基础研究及教育基地,鼓励市民积极参与环境博物馆等各类环境志愿服务,开展美化生态环境为主题的"清洁城市活动"。

(七)澳大利亚生态文明城市——怀阿拉

尽管瓦亚拉位于南澳大利亚沙漠附近,但怀阿拉生态文明城项目充分融合了城市设计、建筑技术、设计要素和材料、传统能源保护和能源替代、水资源可持续利用和污水回用等多种可持续发展技术,打造了怀阿拉独特的生态文明城发展战略。其生态文明建设的主要经验如下。

其一是制定明确的发展目标。生态文明城市建设不可能一蹴而就,怀阿拉根据市情制定建设目标和指导原则。怀阿拉生态文明城市建设原则体现在恢复退化土地、尽量保持生态原貌、阻止城市无限蔓延、提高能源利用效率、鼓励生态社区建设、促进社会平等。其二是以可持续发展战略为指导。怀阿拉政府在有关城市建设的总体规划中遵循了生态可持续发展的原则,比如增加绿地面积、推广绿色建筑、土地生态恢复。其三是重视与城市周边地区的协调。怀阿拉制定了长期区域发展政策和局部环境政策,在面临重大生态事务时,城市可以在区域层面与众多利益相关者进行协调,并确保居民地区环境政策与区域发展政策相配合。其四是通过科技发展提供生态支撑。怀阿拉重视生态适应技术研发和推广,建立能源、环境研究中心,通过多形式、多渠道、多层次地发展生态实用技术培训,把科技作为低碳城市建设的强大动力。其五是重视政策和资金支持。怀阿拉鼓励在新城市建设和修复中进行生态化设计,强化循环经济建设项目,推动资源回收再利用,规划城市交通路线和设施,政府资助成立了干旱区城市生态研究中心,开展对生态文明城市的理论和应用研究。其六是鼓励公民积极参与。怀阿拉在生态文明城市建设中吸纳公众参与社区社会管理,提高公众的责任感和使命感。此外,政府还发展决策教育,提高行政、企业人员的环境意识,同时重视基础教育,将生态城市理念灌输到大中小学教育中,并采用经济手段激励企业、组织和公众树立生态观念。

(八)"花园城市"——新加坡

新加坡多年来一直被评为全球宜居城市,并以"花园城市"而闻名于世,新加坡追求人与自然和谐密不可分。新加坡有一项"绿色与蓝色规划",旨在确保新加坡在快速城市化前提下保持一个绿色清洁的生态环境。在城市规划中,新加坡充分利用水和绿地,合理利用绿色走廊与主要公园连接,充分利用海岸线等岛内水系满足休闲需求。其生态文明建设的主要经验如下。

其一是在公共交通发展方面,建设贯穿全国的地铁、轻轨系统和陆上公交汽车网络系统,基于 GPS 自动调动系统提高出租车效率,并首次实行年度汽车限购政策等尽可能降低能源利用强度。其二是在城市住房方面,新加坡推进"居者有其屋"住房建设规划,并要求所有新建建筑都必须达到绿色建筑最低标准,凡是政府出售的土地,一律要求地上工程必须达到较高层绿色标志评级。其三是在物质空间规划方面,强化能源利用与可再生能源开发、土地利用与功能布局、生态保护与绿色基础设施管控、绿色建筑与生态住区建设、废弃物处理和资源化利用、交通引导开发与绿色交通体系等领域,规划形成用地集约、结构紧凑、功能混合的空间布局,高效低碳、循环再生的资源能源利用体系,行人优先、通畅便捷的绿色交通体系,布局均匀、互相连接的绿色基础设施,绿色环保、宜居舒适的绿色建筑与社区。其四是在生态技术应用层面,重点关注可再生能源利用、供水排水、污水处理与再生利用、垃圾处理与资源化利用、交通系统与车辆技术、信息网络技术,并集成应用到城市开发建设过程。其五是在规划建设管理层面,从法律法规标准制定、决策支持平台搭建、规划实施激励机制等方面形成系列的配套政策。

综上所述,上述样板生态文明城市有着共同特点:其一是注重自然生态,坚持统一规划和分区管理;其二是注重人文关怀,侧重土地集约开发；其三是注重产业转型，追求资源循环利用；其四是加强制度建设，坚持政策法规引导；其五是注重意识培育，坚持教育宣传并举。生态文明城市的最终发展目标是实现人与自然的平衡，实现最大限度地节约能源和资源，保护自然生态环境与本地文化，建立有经济活力、社会公平和谐的新型城市。为实现这些目标，以上城市主要通过物质空间规划、生态技术应用、规划建设管理、经济社会发展调控管制等途径，全面推进生态城市建设。由于不同国家和地区存在城市规模、资源禀赋及人口资源的差异，生态文明城市的开发模式、关注重点也各具特色，但均遵循人、生物与环境相互依赖的生态城市发展理念。从国际生态城市发展经验看，以城市生态的科学发展观为指导、把握经济增长的内生动力、重视技术创新的推动作用、寻求角色适位的多方合作、强化生态意识与自我发展意识，均在生态城市建设中发挥了积极作用。

第三节　长三角区域生态一体化治理策略研究
——基于杭绍甬、苏锡常、广佛肇等城市群的实证测度

　　生态一体化是区域高质量一体化发展的重要内容之一。本研究选取节能减排、污染治理、环境质量等指标，采用改进的熵权法来确定生态一体化指标权重，对长三角生态一体化程度进行评价。杭绍甬、苏锡常与广佛肇生态一体化发展的总态势对比显示：杭绍甬生态一体化水平明显落后于苏锡常生态一体化，但都显著高于广佛肇生态一体化。杭绍甬生态一体化的特征及问题分析显示：节能减排三项指标呈现明显收敛趋势，但仍是阻碍杭绍甬生态一体化的主要因素；单位 GDP 能耗趋同态势明显，杭绍甬污染治理水平上的差距逐步缩小；细微颗粒（PM2.5）均值的差异引致环境质量差距，杭绍甬污染治理联防联控有待加强。基于此，长三角地区应进一步强化生态一体化顶层设计和合作平台，探索联防联控联治一体化生态治理模式，完善生态综合补偿及生态分级保护机制，构建生态一体化经济支撑和制度保障体系。

一、问题的提出

区域一体化既是一个过程,也是一种状态,其本质是通过降低交易成本,促进商品和要素的自由流动,从而实现资源的优化配置。自 20 世纪 90 年代以来,区域一体化与经济全球化趋势显著推动着世界各国经济发展和进步,并塑造当今全球经济格局。改革开放以来,凭借区位优势和体制优势,长三角地区已成为我国经济发展最具活力的地区和全国区域经济发展的典范。2019 年 12 月,《长三角一体化发展规划纲要》的公布标志着长三角一体化发展进入实质推进阶段。2020 年 9 月,《杭绍甬一体化发展实施方案》的实施为杭绍甬一体化发展战略提供了行动指南。由此,以杭绍甬为代表的长三角地区又将进入新一轮发展期。但我们必须警醒的是,自上世纪 90 年代中期以来,随着经济发展水平的提高,长三角区域也面临着经济增长的驱动力不足、经济与社会发展不相协调、资源与环境的约束趋紧等诸多现实问题,制约着长三角区域经济的持续快速成长。长三角区域如何借助新一轮国家政策,在已有经济发展成就基础上再创新发展优势,促进区域经济社会可持续发展,成为各界所共同关注的热点话题。

长三角区域包含杭绍甬、苏锡常、南京都市圈以及合肥都市圈,目前已经形成上海、南京、杭州和合肥多点带动格局。长三角区域三省一市经济发展路径和主导产业均存在差异,加之目前生态环境管理体制依然存在部门分割难题,尚未真正建立行之有效的生态环境协同治理机制,导致推进长三角区域生态一体化面临着很大的挑战。如何兼顾经济社会发展与生态环境保护,是长三角地区未来发展必须共同面对并解决的"地域之痛"。实际上,自 20 世纪 60—70 年代以来,经济生态一体化问题就已经在一些西方国家受到关注(Erik Bonsdorff,2015)。进入 21 世纪后,经济发展与生态环保之间的关系越来越密切,呈现出彼此依存、相互促进和共同发展的新态势。在城市区域一体化背景下,人流、物流、技术流、信息流和资金流所构成的区域流不断加速对流,像一只"无形之手"将区域内的城市凝聚在一起(Silvia Rova,2017)。伴随着区域一体化向广度与深度扩展,区域生态治理逐渐由相对隔离的行政区治理转向区域一体化治理。于是,在生态问题跨区域扩散现象频发的背景下,生态一体化成为推进区域一体化的核心内容,也逐渐成为实现区域经济社会可持续发展的重要途径。长三角区域如何利用浙江、江苏等地打造长三角生态绿色一体化发展示范区等契机,加快区域生态治理协同与合作进程,将区域生态优势转变为经济社会发展优势,是长三角区域高质量一体化面临的重要任务之一。

二、区域生态治理及其相关理论述评

尽管国内外生态经济思想出现较早,但直至近现代工业化加速导致生态环境破坏严重,从而推动生态经济和可持续发展成为炙手可热的研究焦点。随着经济社会一体化发展的深入推进,区域生态治理必将由以行政区为单位的单一治理走向跨区域联合的一体化治理,但在实践中会面临区域生态治理的"公共困境"。"公地悲剧"概念首次由人口学家威廉·佛司特·洛伊(William Forster Lloyd)提出之后,生态经济学家加雷特·哈丁(Garret Hardin)加以延伸并提出公用地困境模型,揭示了个体追求自身利益最大化的行为可能导致公共利益受损的不良结果(Simon R,2020)。近年来,西方学术界逐渐关注能源保护、气候变化、生物多样性及资源环境估值等多样化领域。作为一种特殊的公共物品,生态环境具有消费的非排他性与供应的关联性(Paudyal K, Baral H, Keenan R J, 2018),因此生态消费行为具有很强的负外部性。理性人的逐利行为导致资源利用的个人和社会的边际成本不相等(Costanza R 等,2014),最终不可避免地出现"公地悲剧"(Mehring M, Ott E, Hummel D,2018)。

国内学者马传栋 1984 年最早阐述生态经济学理论,并构建我国生态经济研究的理论框架。关于生态一体化的研究最早见于城乡生态一体化发展战略与农业现代化相关研究中,如傅政德(1989)认为实行城乡生态一体化规划、设计和管理是实现城乡现代化目标的重要支撑。而真正针对城市生态一体化问题的研究,始于长株潭生态一体化的动力机制及存在问题的分析。长株潭城市生态一体化建设的动力在客观上由动力主体、基础驱动力以及内部动力、外部动力等四个部分组成(王忠诚、邓志高,2008)。文同爱、甘震宇(2009)分析了长株潭城市群生态一体化中存在的问题,提出建立生态一体化环境保护新机制。此后,学界重点转向对京津冀及中三角生态一体化及其治理的研究。田西、吴玉锋等(2015)以再生铅为例,探究京津冀城市圈生态一体化下的再生资源产业链协作模式,并给出相互协作的保障机制建议。北京市政协城建环保委员会、北京市农村经济研究中心和北京林业大学联合调研组

（2015）提出要以《京津冀协同发展规划纲要》为指导，共同研究编制京津冀生态环境协同建设的中长期发展规划，统一生态环境保护目标、统一生态环境保护标准、统一划定生态红线，明确生态环境布局，配套产业政策和生态补偿政策，构建环京津冀城市群森林圈，形成"绿屏相连、绿廊相通、绿环相绕、绿心镶嵌"的生态格局。中三角生态一体化进程中武汉市生态文明建设的现实困境在于传统高耗低能产业破坏生态结构、人居环境污染影响生态平衡以及体制机制障碍制约生态发展（李睿、余璐，2016）。王坤岩、赵万明（2019）阐述生态环境一体化建设对区域协同发展的重要作用，分析京津冀区域生态一体化中存在的体制机制障碍。在生态环境治理中，环保政策在纵向政府层层执行中的怠惰拖延以及政府部门、地方政府对横向环境协作的忽视冷漠导致了跨域生态环境协作的困境（崔晶，2019）。部分观点认为，促进城乡生态融合发展，可以通过空间、组织、资源、制度融合，激活城乡生态治理系统的自组织性之路径（钟裕民。2020）。而只依靠政府力量进行生态治理收效甚微且难以持续，必须推进跨区域三元生态协同治理，需要充分发挥三元主体——政府、市场及社会的能动性（田学斌、刘志远，2020）。

生态治理利益相关者多元化和生态环境问题"脱域化"特征（苑清敏，张杲，李健，2017），引起生态治理过程中的"搭便车"行为，因此个体理性选择最终可能会带来集体的非合意产出。由此，生态治理不只是技术难题，更面临相关主体不同利益冲突下的现实困境（许玲燕，杜建国，汪文丽，2017）。由于生态治理自改革开放以来一直在具有相对独立利益边界的行政经济区框架下进行，而区域生态产品具有典型的"准公共物品"的属性，不同地方政府部门对跨区域生态治理存在严重的"搭便车"行为，因而难以形成统筹高效的区域生态治理体系（张成福等，2012）。在理论和实践中，有五种方法可以解决区域生态治理以及生态一体化问题：其一是将科斯第一定理运用到区域生态治理中，通过以产权为基础的自由市场交易来解决生态外部性问题，诸如慈溪与绍兴等地跨流域水权交易即为此类典型案例（沈洪涛等，2019）。其二是通过征收生态税的方式将负外部性内部化，或通过基于生态足迹的区域生态补偿将正外部性内部化，旨在有效约束相关行为主体损害旁观者的行为，并平衡区域生态产品消费者和供给者之间的利益关系。其三是基于无限次重复博弈的区域生态合作，即通过生态规则重构和跨区域制度设计，克服区域生态协同中的"囚徒困境"（毕学成，2017）。

其四是从上、下游地区整体角度展开生态环境整治,依托区域治理权威和合约执行机构改变区域生态碎片化难题。其五是基于不同区域治理主体所具有的比较优势,优化社会资源配置并形成区域治理网络格局。理论界普遍认为,以上五种政策工具的合理运用,可以为区域生态治理和生态一体化发展提供科学的治理工具。但生态治理存在的主要问题在于生态技术缺乏地域针对性,缺乏用于评价生态技术的指标体系以及技术优选与配置方法模型(甄霖等,2017)。

现有的理论及政策研究已有若干积累,从多方面集思广益,汲取研究成果,形成理论决策的必备资源,对杭绍甬生态一体化问题的解决具有重要参考和借鉴价值。但就本研究主旨而言,所有上述文献存在两个缺失:一方面,由于具体针对长三角区域生态一体化的研究,出现在 2018 年长三角一体化上升为国家战略之后,因此学界研究和政界关注明显不足。如席恺媛、朱虹(2019)剖析长三角区域生态一体化的实践探索与困境,并提出推进长三角区域生态一体化的措施建议。除此之外,鲜见有关长三角区域生态一体化研究的论著。另一方面,目前针对生态一体化的研究大多是就某区域生态一体化的现状、问题及对策的定性分析,而对生态一体化的测度和量化分析较少,导致研究过于泛化。因此,本文试图在构建生态一体化的评价指标,并在对杭绍甬、苏锡常等城市群生态一体化进行定量分析的基础上,并与广佛肇生态一体化总态势进行比较,深入探究以杭绍甬为代表的长三角区域生态一体化治理的困境,进而从模式、机制和体系等层面提出长三角区域生态一体化的治理策略,以期为长三角区域生态一体化难题从深层次破解提供智力支持。

三、生态一体化的评价指标及测度方法

(一)评价指标

2019 年 11 月,《长三角生态绿色一体化发展示范区总体方案》由国家发改委正式发布。方案指出,到 2035 年,长三角生态绿色一体化发展示范区将致力于培育成熟和有效的绿色一体化发展制度体系,率先全面建成在质量、效率和动力上实现变革的高质量一体化发展标杆。要继续推进生态文明建设的协调发展,就必然要促进地区间生态环境的协调发展(郭春娜,2020)。借鉴目前国内已有生态治理及其绩效评

价研究成果(余敏江,2011;骆汉等,2019;韩永辉,2017),以《长三角生态绿色一体化发展示范区总体方案》为依据,考虑到指标的可获得性和代表性,长三角区域生态一体化选取节能减排、污染治理、环境质量等 3 个一级指标。首先,节能减排包括节能和减排两大技术领域,本研究中主要用单位 GDP 能耗(吨标准煤 / 万元)、单位 GDP 废水排放量、单位 GDP 二氧化硫排放量等 3 项二级负向指标来衡量。其中,单位 GDP 能耗(吨标准煤 / 万元)作为节能指标,后两项为减排指标。其次,污染治理主要用工业废水处理率、工业二氧化硫处理率、工业固体废弃物利用率等 3 项二级正向指标来衡量。再次,环境质量主要用细微颗粒(PM2.5/PM10)均值、公园绿地面积占市区面积比重、建成区绿化覆盖率等 3 项二级指标来衡量,其中细微颗粒(PM2.5/PM10)均值为负向指标,后两项为正向指标,见表 5-1。

表 5-1 生态一体化指标

生态 一体化	节能减排	单位 GDP 能耗(吨标准煤 / 万元)	负向指标
		单位 GDP 废水排放量	负向指标
		单位 GDP 二氧化硫排放量	负向指标
	污染治理	工业废水处理率	正向指标
		工业二氧化硫处理率	正向指标
		工业固体废弃物利用率	正向指标
	环境质量	细微颗粒(PM2.5/PM10)均值	负向指标
		公园绿地面积占市区面积比重	正向指标
		建成区绿化覆盖率	正向指标

(二)测度方法

由于存在度量单位及量纲不同,多指标体系不适合用方差进行计算,因此采用变异系数 cv(Coefficient of Variation)来分析生态序列内部差异,以下为计算公式:

$$cv = \sigma / v$$

其中,标准差 $\sigma = \sqrt{\dfrac{\sum_{i=1}^{n}\left(x_{ij} - v\right)^2}{N}}$;均值 $v = \dfrac{\sum_{i=1}^{n} x_{ij}}{N}$;$x_{ij}$ 为指标值;N 为地区个数。

在测度指标体系之前,首先对指标变异系数进行标准化处理,目的是消除量纲和反映出不同地区的相对差距,计算公式为:

$$k_j = \frac{\max cv - cv}{\max cv - \min cv}$$

采用改进的熵权法来确定生态一体化指标权重,既可以避免主观赋权法的主观因素干扰,又可以在此基础上增加对指标差异性的评价,从而使评价结果更精确。

四、测度结果及分析

根据上述一体化的指标体系和测度方法,对杭绍甬、苏锡常、广佛肇三大城市群的生态一体化程度进行评价,数据主要来源于 2006—2020 年的统计年鉴、统计公报、政府工作报告、环境统计公报等公开资料,以便于进行跨期比较,三大城市生态一体化指数见表 5-2,变化趋势见图 5-2。

(一)杭绍甬、苏锡常与广佛肇生态一体化发展的总态势对比

测度结果显示,除 2011 和 2012 年之外,杭绍甬生态一体化程度均高于杭绍甬一体化的整体水平。其中,杭绍甬生态一体化程度在 2011 年达到最小值 0.7342。进入“十二五”,杭绍甬生态一体化程度呈现“波动式”增长趋势。“十三五”之后,随着长三角一体化上升为国家战略,杭绍甬生态一体化“直线式”上升,2020 年达到峰值 0.8696。苏锡常生态一体化的变化与杭绍甬相似,呈现高开低走态势,2010 年触底 0.8179之后反弹,“十二五”期间一直在 0.73～0.80 之间徘徊,“十三五”期间保持相对平稳增长。很明显的是,广佛肇生态一体化在“十一五”期间增长幅度较大,2010 年略有回落。而进入“十二五”之后,广佛肇生态一体化一直围绕 0.67 上下波动,“十三五”期间增长趋势也较缓慢。相比较而言,杭绍甬生态一体化水平虽然显著高于广佛肇生态一体化,但却明显落后于苏锡常生态一体化。这意味着,作为实现以科技创新为驱动,并成功成为中国经济转型升级示范地,位于苏南经济板块的苏锡常不仅扮演着“经济领头羊、改革风向标”的角色,而且在节能减排、污染治理和环境改善等方面的联防联控要显著优于杭绍甬,从而可以为长三角其他地区生态一体化的推进可以提供经验借鉴,如积极参与长三角一体化生态发展示范区建设、放大 G60 科创走廊效应对生态一体化的影响、联合推动生态产业科技协同创新、率先形成生态一体化的区域协同创新网络等。

表 5-2　杭绍甬、苏锡常、广佛肇生态一体化指数

年份　城市群	2006	2007	2008	2009	2010	2011	2012	2013	2014	2015	2016	2017	2018	2019	2020
杭绍甬	0.825 4	0.793 9	0.788 6	0.787 4	0.794 3	0.734 3	0.774 2	0.808 8	0.808 6	0.803 1	0.857 0	0.844 4	0.853 2	0.862 3	0.869 6
苏锡常	0.916 1	0.887 5	0.892 8	0.870 0	0.817 9	0.907 7	0.892 6	0.883 9	0.877 3	0.888 5	0.882 8	0.893 2	0.901 4	0.913 8	0.918 7
广佛肇	0.609 1	0.641 8	0.660 3	0.702 1	0.671 8	0.653 7	0.679 8	0.675 8	0.694 7	0.694 0	0.683 2	0.667 8	0.676 1	0.678 5	0.689 1

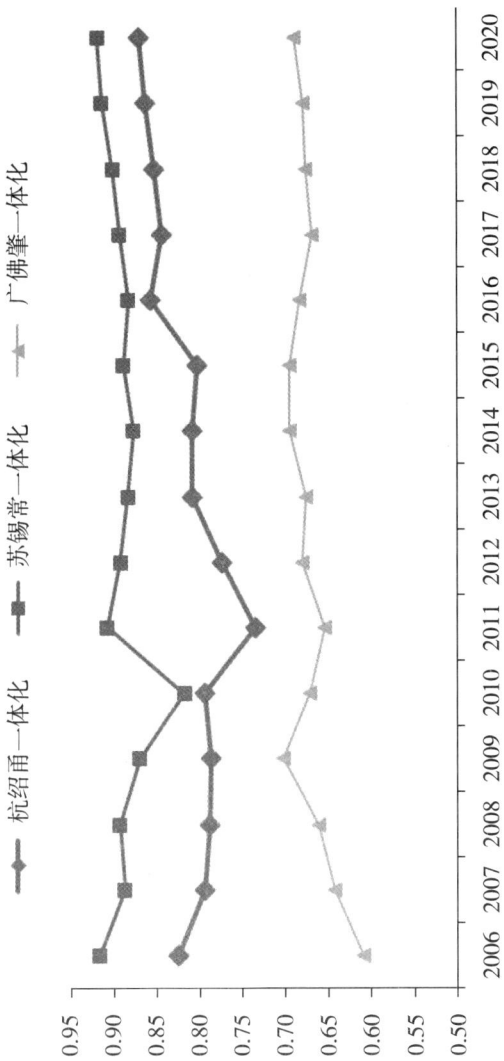

图 5-2　杭绍甬、苏锡常和广佛肇生态一体化的变化趋势（2006—2020 年）

（二）杭绍甬生态一体化的特征及问题分析

1.节能减排三项指标呈现明显收敛趋势,但仍是杭绍甬阻碍生态一体化的主要因素

杭绍甬生态一体化各项指标的变异系数显示,在2006—2020年间,单位GDP能耗、单位GDP废水排放量与单位GDP二氧化硫排放量都存在较为明显的收敛趋势,但每项指标的收敛程度各异。但总体上而言,在2006—2020年间,单位GDP能耗、单位GDP废水排放量、单位GDP二氧化硫排放量和工业二氧化硫处理率均值的变异系数大都超过了0.2,这意味着上述几项指标仍是阻碍杭绍甬生态一体化的主要因素,见图5-3。具体而言,从节能减排的变异系数来看,单位GDP能耗的变异系数仍然较高,并与单位GDP废水排放量的变异系数呈收敛趋势,但仍远高于单位GDP二氧化硫排放量;与此同时,单位GDP能耗和单位GDP废水排放量的变异系数均维持在0.35以上,尤其是单位GDP能耗的变异系数基本上保持在0.5以上。这意味着,杭绍甬在节能减排方面的差距仍较大且没有缩小的趋势。造成这一现状的主要原因在于以下两点:其一是节能减排会给跨区域生态环境带来正外部性,这表现在改善之后的生态涵养区对空气、水质、土壤等的优化及其对整个地区的良性传导,但由于受监管不到位、信息不对称等多种因素影响,享受区域生态正外部性的相关主体的受益程度难以量化,导致节能减排主体缺乏足够激励。其二是由于缺乏强有力的执行机构,生态一体化中条块分割难以充分破解以及组织松散难以有效约束的困境仍然存在,导致奥尔森"集体行动的逻辑"在节能减排中体现得比较明显,因此多主体节能减排项目往往在执行和监控上存在障碍。

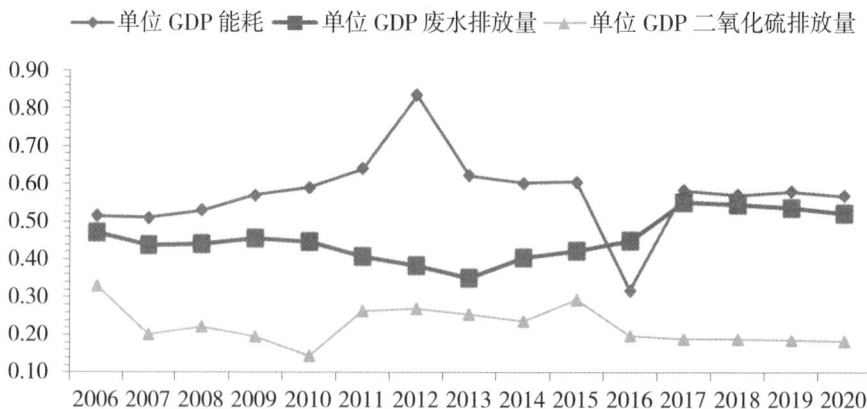

图 5-3　杭绍甬节能减排的变异系数

此外,从单位 GDP 废水排放量的变化来看(图 5-4),2006—2020 年杭绍甬均延续递减趋势,但杭州单位 GDP 废水排放量的减少最为显著,进入"十三五"杭、甬两市单位 GDP 废水排放量基本趋同,均低于绍兴单位 GDP 废水排放量。其主要原因在于杭州近年来大力推动数字经济成为产业结构优化的引擎,而绍兴市以印染、化工为代表的传统产业面临的路径依赖严重,尽管"十三五"之后持续推进传统产业转型升级,并开始着力发展集成电路等新兴产业,印染、化工企业数量大幅度减少,但由于经济中原有存量过大,污水排放总量仍高居不下。因此,与杭州、宁波等城市相比,绍兴单位 GDP 废水排放量变幅较小。

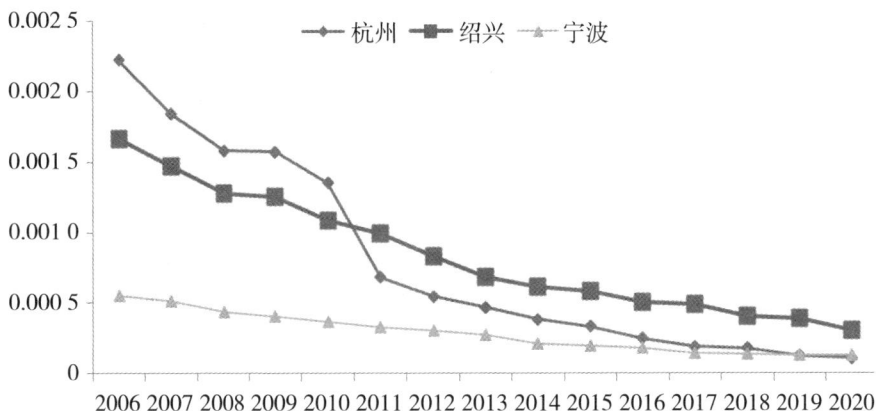

图 5-4　杭绍甬单位 GDP 废水排放量的变化趋势

2. 单位 GDP 能耗趋同态势明显,杭绍甬污染治理水平上的差距逐步缩小。

由于长三角整体工业化程度较高,杭绍甬产业结构和经济重点领域存在差异性,工业排放控制效率失衡和单位 GDP 能耗过高的结果将会直接影响到区域生态环境质量(图 5-5)。进一步分析杭绍甬节能减排三人指标的变化趋势发现,2006—2020 年,杭绍甬单位 GDP 能耗一直具有下降趋势。主要原因在于浙江是用能权有偿使用交易国家试点省份之一,不仅建立了高耗能行业项目缓批限批、节能失信、能源"双控"考核激励奖惩等制度,而且致力于深化资源要素优化配置改革,推进"亩均论英雄""腾笼换鸟"等创新政策,大力淘汰落后和过剩产能。"十三五"期间,浙江 GDP 年均增长7.3%,而年均能源消费增速仅为 3.3%,单位 GDP 能耗累计下降 14.3%,其中杭绍甬节能降耗表现亮眼。但"十一五"和"十二五"期间,杭绍甬在单位

GDP 能耗方面一直存在较大差异,具体表现为:宁波的单位 GDP 能耗远高于杭州和绍兴;而绍兴的单位 GDP 能耗与杭州相对接近。进入"十三五",宁波不断优化存量用能,节能降耗力度加大,特别是 2019 年宁波以数字经济 "一号工程" 为引领,实施能源 "双控" 推动产业结构升级,助力制造业加快迈向高质量发展,杭绍甬单位 GDP 能耗趋同的态势愈来愈明显。

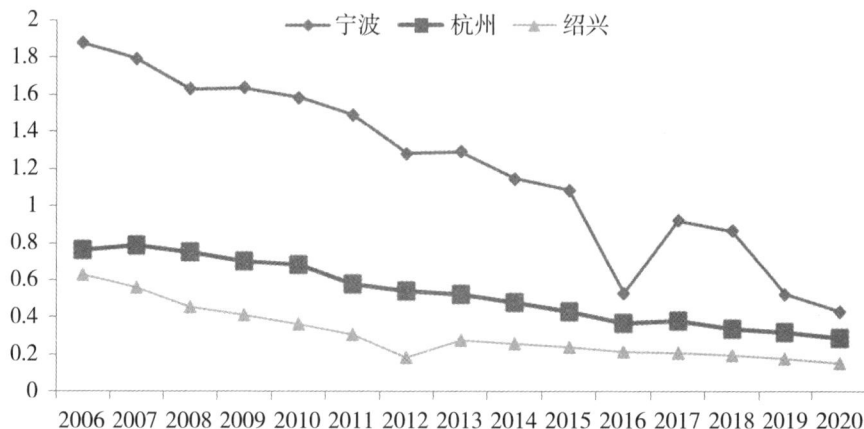

图 5-5　杭绍甬单位 GDP 能耗的变化趋势

从污染治理的变异系数来看(图 5-6),在考察期内,工业二氧化硫处理率的变异系数波动较为剧烈,并且呈现"先升后降"的变化趋势;而工业烟尘处理率和工业固体废弃物利用率的变异系数则一直维持在较低水平。这表明,杭绍甬污染治理水平的差距并不大,且在逐步缩小,显示近年来杭绍甬系统性与综合性的节能规划和控制初显成效。但亦需关注和逐步解决跨区域生态污染治理中的利益协调及生态补偿等问题,这是实现杭绍甬高质量生态一体化治理的关键。

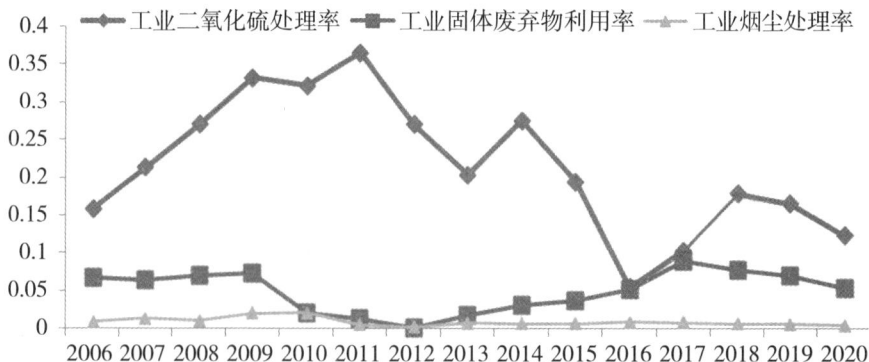

图 5-6　杭绍甬污染治理的变异系数

3. 细微颗粒（PM2.5）均值的差异引致环境质量差距，杭绍污染治理甬联防联控有待加强

在 2006—2020 期间，杭绍甬细微颗粒（PM2.5）均值的变异系数均远远高于公园绿地面积占市区面积比重与建成区绿化覆盖率的变异系数（图 5-7）。尤其是，2007—2013 年杭绍甬细微颗粒（PM2.5）均值的变异系数都维持在 0.5 以上。这意味着，杭绍甬在环境质量方面的差距主要是由三个地区之间细微颗粒（PM2.5）均值的差异造成的，但需要指出的是，杭绍甬之间的差距存在进一步缩小的趋势。在污染治理方面，杭绍甬在工业二氧化硫处理率也存在较为显著的收敛趋势。但在环境质量方面，杭绍甬细微颗粒（PM2.5）均值的变化轨迹趋同，但仍处于较高水平，需要进一步加强环境保护。二氧化硫和细微颗粒（PM2.5）是典型的大气污染物，具有随着空气流动和气候变化迁移的典型特征。由于行政跨界的客观存在，地方政府在进行细微颗粒（PM2.5）等跨界污染物治理、保护和建设过程中，往往企图以最小化的环境成本获取最大化的环境收益，区域与地方公共利益最大化目标之间的不一致，导致地方政府之间的协作壁垒在根源上难以消除。由于多主体环境事件联合治理存在难点，这在信息沟通与行动协调、价值偏好与利益冲突等方面均有体现，不可避免地造成地方政府在生态一体化问题上的矛盾和冲突。因此，杭绍甬在污染防治方面，应破除在明确作用边界、划分主体责任及确定收益比例等关键性问题上的障碍，跨越行政边界以深化生态资源要素配置，形成生态一体化联防联控体制机制。

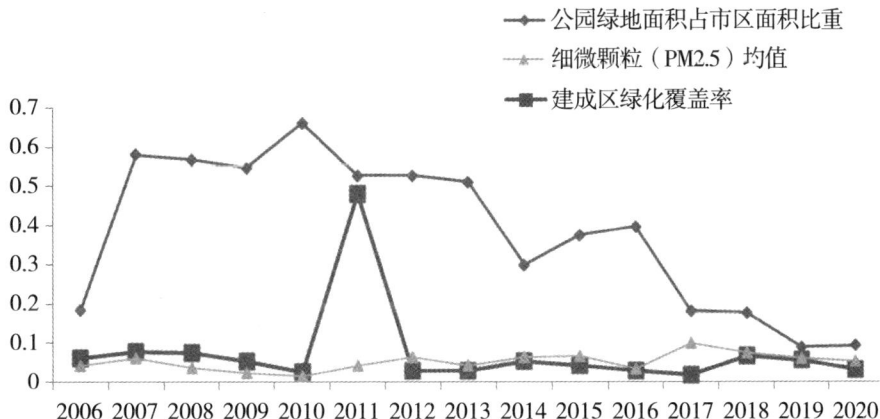

图 5-7　杭绍甬环境质量的变异系数

五、长三角生态一体化的治理策略

长三角区域高质量生态一体化推进,需要政府、企业和市场等相关主体最优化生态要素资源配置,最小化生态环境建设成本,共同实施区域生态环境保护,以充分发挥超越行政边界的生态治理空间效应,使生态系统作为一个整体来支撑区域经济社会可持续发展。作为长三角一体化的桥头堡,杭绍甬、苏锡常等城市群生态一体化水平影响长三角地区未来经济社会发展格局。根据杭绍甬、苏锡常与广佛肇生态一体化发展的总态势对比,以及杭绍甬生态一体化的特征及问题分析,长三角区域生态一体化治理可从以下四个方面采取行动。

(一)强化生态一体化顶层设计和合作平台

长三角区域生态一体化的推进,首先在生态一体化顶层设计和合作平台上破题。其一是加强生态一体化顶层设计。一方面,建立和完善区域生态一体化联席会议制度,其主要致力于跨区域生态联防联控联治,负责制定区域公共生态环境发展目标、发展规划及相关政策,规范和引导跨区域行政单位之间生态环境治理合作的内容和具体方式。另一方面,在地方政府之外设置独立的生态一体化管理部门,专职负责生态一体化的跨域沟通和协调工作,形成杭绍甬政府间的生态一体化合作机制。其二是搭建合作共建共享平台。完善区域内环境基础设施的共建共享机制,实现共建污水处理、垃圾填埋与焚烧、固体废物和危险废物的收集处理等环境基础设施共享,推动生态科研中心与相关的仪器设备共享共用共建,积极探索推行由市场定价的排放权交易与生态补偿机制。

(二)探索联防联控联治一体化生态治理模式

由于单一主体往往难以解决公共性的环境问题,长三角区域应利用浙江、江苏等地建设长三角生态绿色一体化发展示范区的契机,探索长三角区域联防联控联治生态治理模式,加快建设生态一体化合作先行区。长三角区域应加快制定促进生态一体化先行区建设的政策,不断矫正由于行政区划导致的生态资源错配问题,共同编制生态一体化先行区空间发展规划,加快推进生态环保、循环低碳等领域一批标志性项目开发,持续推动将长三角区域生态环境绿色优势转化为经济社会发展优势,率先从项目协同走向区域一体化制度创新。此外,在探索联防联控联治的过程中,要充分考虑到区域内各省市主体的正当利益诉求,勇于打破现有的行政壁垒与制度障碍,充分协调地区之间的利益之争,明确各地方政府主体在联防联控联治中的责任范围以及排放的指标,调动所在地区环境治理的积极性和主动性。此外,探索并建立跨区域的环境联合监察、执法与评价制度,健全区域的生态资源综合管理。

(三)完善生态综合补偿及生态分级保护机制

首先,合理运用替代市场价值、碳足迹等生态价值补偿标准测算法,多方面考虑补偿主体、补偿客体、部门协调、政府与市场边界等因素,综合运用资金补偿、项目补偿、政策补偿、公共服务补偿及多渠道交叉补偿等多种补偿方式,充分发挥价格机制对生态负外部性的矫正作用以及政府宏观调整对相关利益主体行为的协调作用,进一步完善区域生态综合补偿机制。其次,处理好环境保护与开发利用之间关系,对长三角区域生态资源与环境保护分级进行划分,可以划定为严格保护、保护性利用、建设性开发三个等级,进一步优化区域生态分级保护措施。特别是对具有生态脆弱性、生物多样性的生态功能服务区以及生态屏障实行严格保护。在推动完善生态综合补偿及生态分级保护机制时,要统筹好杭绍甬区域整体的环境质量管理目标,强化区域环境监测协作机制,实现区域内水环境与大气环境的实时预警联动。

(四)构建生态一体化经济支撑和制度保障体系

在以国内大循环为主体、国内国际双循环相互促进的新发展格局下,长三角区域应加快构建生态一体化经济支撑体系,鼓励发展可再生能源,加强资源集约利用,促进循环绿色经济发展,推动区域经济向低能耗、低污染、低排放的发展方式转变。长三角区域应联合加快绿色制造集成系统项目建设,建设废旧纺织品、汽车轮胎、矿渣、建筑泥浆及垃圾等跨区域回收利用平台,加大节能环保产业、清洁生产和能源产业金融支持,完善"无废城市"数字化信息平台,聚焦节能减排及污染治理中的难点和痛点,推动建立绿色循环产业体系,构建区域协同发展的低碳产业链,避免区域市场恶性竞争和生态环境成本转嫁。特别是全面推进产业结构优化和能源结构调整,在推进全流域水环境治理的同时,推动完成能源消费强度和总量控制目标,实现细微颗粒和臭氧"双控双减",确保长三角区域主要大气污染物稳定达到国家二级标准。此外,长三角区域应按照生态职能评估地方生态红线,积极生态一体化保护和建设规章制度,加快生态环境领域制度保障体系的完善。

第四节　基于大数据的农业生态低碳发展趋势判断

农业生态发展趋势的判断是保证农业生态可持续发展的基础。目前已有的农业生态趋势判断模型存在着生态子系统间关系判断不准确、农业生态趋势指标评价不准确等问题,因而导致对农业生态趋势可能会存在误判。基于大数据分析,本节建立了农业生态发展趋势评价模型,运用层次分析法确定了农业生态发展趋势的指标权重,通过灰色预测模型对农业生态发展趋势进行预测,并根据预测结果得出农业生态发展趋势的结论。

一、问题的提出

农业的生态发展与人类健康密切相关。农业生态发展是 20 世纪 90 年代世界农业研究的一个全新领域。在地球历史上,迄今共发生了五种物种灭绝,这五种灭绝中的每一种都造成了地球生态系统的崩溃。人类目前的生活方式对地球生态系统产生了破坏性影响,并提前造成了地球生态灾难的出现。全世界自然灾害日益频繁,包括蝗虫、地震、沙尘暴、飓风、干旱、暴雨和洪水,是地球生态系统失调的前兆。中国经济的长期支柱产业是农业。农业的生态发展直接影响着经济和社会的稳定。增强对我国农业生态发展趋势的判断,合理分析农业生态发展趋势,建立农业生态发展趋势的判断模型,是避免农业生态系统崩溃的基础。目前判断农业生态发展趋势的方法不能准确判断农业生态发展趋势。基于此,本部分提出了基于大数据的农业生态发展趋势判断模型。判断农业生态发展趋势的目的是明确判断对象——农业生态发展体系的结构,组成和界限,确定农业生态发展各子系统之间的机制和关系。高度评价农业生态发展趋势是判断农业生态发展趋势的框架。从该框架中选取判断农业生态发展趋势的指标来衡量农业生态对象,并通过农业生态发展趋势框架确定指标要判断的对象。

　　农业生态系统包括支持和发展两个系统,其中支持是指对环境和资源的支持,发展是指社会、经济和人口的发展。在农业生态支持系统中,资源是农业生态发展的自然物质基础,环境为农业生态发展提供了吸收废弃物的物质空间。环境与资源直接影响着农业生态的发展。环境和资源是特定地理空间和发展阶段农业生态发展的决定性因素。农业生态发展系统的主体系统是发展系统,发展系统由经济、社会和人口三个子系统组成。农业生态系统发展最活跃、最积极的因素是人口,农村社会的可持续发展和农业经济发展的基础是人口素质;农业生态发展要求农业经济保持合理的结构和适度的增长速度。按照农业生态发展的要求,将取得的经济效益平均分配给社会成员,维护社会稳定,提高公共服务能力。农业生态发展趋势判断框架具体见图5-8。

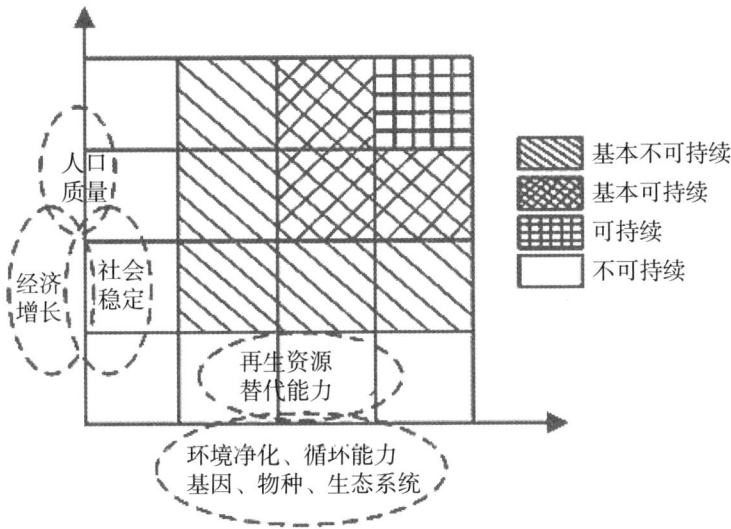

图5-8　农业生态发展趋势判断框架

　　经济、人口、社会目标和环境资源在农业生态发展中占有同等重要的地位。农业生态发展的基本目标是社会经济的发展和环境资源的健康。农业生态发展趋势判断是表征农业环境资源健康状况和农业经济发展绩效,即环境子系统和资源对农业生态发展趋势的总体趋势、协调程度和持续支持能力。人类控制的社会经济－自然复合系统是一个比例关系,使环境、人口、资源、经济和社会五个子系统相互适应、相互配合。比较不同时期、不同区域环境、人口、资源、经济、社会的协调发展状况,判断区域环境、人口、资源、经济的可持续发展水平和协调发展水平,是判断农业生态发展趋势的主要内容。

二、农业生态发展趋势判断指标

(一)指标体系特点

判断农业生态发展趋势的指标应具有以下特点:

(1)目的性。评价农业生态发展趋势的指标体系是为社会经济需求服务的,具有一定的目的。在一定的目的下,评价农业生态发展趋势的指标体系是无效的。

(2)理论性。在一定的理论指导下,建立判断农业生态发展趋势的指标体系。如果用不同的指导思想来设计指标,就会有不同的指标体系,而指导思想决定了指标体系的质量。

(3)科学性。判断农业生态发展趋势的指标体系应符合科学理论和客观事实。

(4)系统性。农业生态发展趋势指标体系中的指标构成了一个具有内在联系和层次性的指标体系。根据评价对象的目的,确定评价生态发展的指标层次。农业生态发展趋势评价体系中的各项指标相互联系,没有任何孤立的指标。

(二)指标选择和设置方法

指标体系的主要目的是对农业生态发展的综合指标进行测度,找出一套能够综合反映综合指标各个方面的农业生态特征指标,选取的指标可以准确判断农业生态发展趋势的综合目标。在确定和选择判断农业生态发展趋势的指标时,应考虑研究目的和数据的可获得性。

在农业生态发展框架下,采用"自下而上"和"自上而下"相结合的方法,筛选出农业生态发展趋势判断指标。其中,"自上而下"是指根据发展目标选择农业生态发展趋势指标,并对指标进行自上而下的分解,如图5-9指标选择和设置方法图所示。农业生态发展框架中的每个目标都对应着农业生态发展的子系统,是衡量农业生态系统子系统的标准和原则的一个可能的判断指标。"自下而上"反映了发展水平,农业生态子系统评价的结果与过程以现有数据和可用性为基础,在符合实际情况的前提下,确定评价农业生态子系统的指标,构建农业生态发展趋势的指标体系。

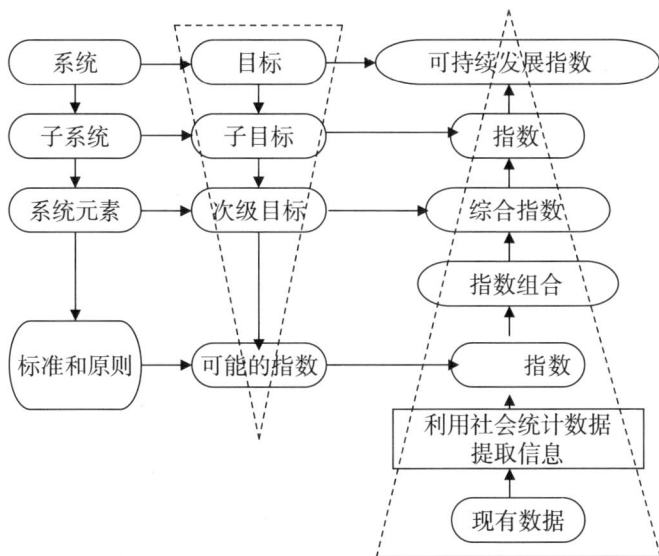

图 5-9　指标选择和设置方法图

（三）确定指标权重

采用层次分析法确定指标权重，确定农业生态发展趋势，具体步骤如下所述。

（1）在农业生态发展趋势评价指标体系的基础上，构建了农业生态发展趋势评价指标体系的层次结构，并构建了层次分析法。判断农业生态发展趋势的指标体系中各层次要素由相应的上级要素在指标体系中控制进行判断，形成分标准层次和总目标层次构成的层次结构。

（2）构造判断矩阵。在农业生态亚区，根据专家咨询法构造判断矩阵，对区域内各要素进行判断。

假设农业生态发展总目标层次的要素 A 与下一层次的要素 b_1，b_2，$\cdots$，b_n 相联系，判断矩阵如表 5-3 判断矩阵所示。

表 5-3　判断矩阵

A_k	B_1	B_2	$\cdots$	B_n
B_1	b_{11}	b_{12}	$\cdots$	b_{1n}
B_2	B_{21}	b_{22}	$\cdots$	B_{2n}
$\cdots$	$\cdots$	$\cdots$	$\cdots$	$\cdots$
B_n	b_{n1}	b_{n2}	$\cdots$	b_{nn}

在表 5-3 中, b_{ij} 是 B_i 到 B_j 在较低层次的重要性的体现。判断矩阵值的逻辑判断数是在专家判断的基础上确定的。

（3）计算各层次因子在农业生态发展中的单项排序值,并用平方根法计算农业生态发展趋势指数 w_i。

（4）进行一致性检验,计算农业生态发展的一致性指数 CI。按矩阵顺序 n 搜索相应的随机平均一致性指数 RI。当判断矩阵的阶数大于 2 时,判断矩阵中 CI 与 RI 之间的一致率为 CR。当 $CR \geqslant 0.1$ 时,就需要调整农业生态发展趋势判断矩阵。

（5）对 B 级和下一级所包含的要素完成步骤 3 和步骤 4,并建立二阶判断矩阵。

（6）各层次的总排序,计算各指标组合的权重。计算农业生态发展趋势判断指标中各要素在农业生态最高层次上的相对排序权重。

（7）农业生态系统层次结构总类一致性检验的计算公式为:

$$CR = \frac{\sum B_i CI_i}{\sum B_i RI_i}$$

式中, B_i 表示各农业生态子系统的权重。

三、农业生态发展趋势评价模型

（一）评价模型

农业生态发展趋势的基础数据主要是参考历史数据获取的,量化一些原始的农业生态发展趋势数据。在农业生态发展趋势中,各指标所代表的含义不同,计算方法也不尽相同。为了便于指标的计算,对农业生态发展趋势指标进行了标准化。指标属性的量化分为适度型、效益型和成本型三种类型,并采用比例法对农业生态发展趋势指标进行了规范化。

$$X_{ijt} = \begin{cases} C_{ijt} / C_{ij0} \\ C_{ij0} / C_{ijt} \end{cases}$$

其中, X_{ijt} 是评价无量纲化年份 t 农业生态发展趋势的系数。对评价指标 C_{ij} 进行年度 t 处理后, C_{ijt} 和 C_{ij0} 代表农业生态发展趋势的统计值。

评价系数越大,农业生态发展趋势越好。

假设 Y 为农业生态发展趋势的判断值,则 Y 的计算公式为:

$$Y = \sum w_i Y_i$$

式中, w_i 是农业生态发展趋势评价指标 i 的权重; Y 是农业生态发展趋势评价指标 i 的分项值。农业生态发展趋势评价值越大,农业生态发展的可持续性水平越高。获得了农业生态系统的子价值 B_1 , B_2 , B_3 , B_4 , B_5 ,以及一般的农业生态系统 A 。

对环境系统和资源系统的分析可以反映该地区农业生态发展的压力和阻力。环境问题和资源问题不是独立发生的,社会经济发展与该区域的人口是相互联系的。

$R-D$ 代表农业生态发展趋势中的资源综合开发指数,反映社会、经济、人口发展与资源水平的关系, $R-D$ 计算公式为:

$$R - D = \frac{B_4}{w_1 B_1 + w_2 B_2 + w_3 B_3}$$

式中, w_1 , w_2 和 w_3 是归一化处理后, B_1 , B_2 和 B_3 系统对整个农业生态系统 A 的权重系数。

$E-D$ 代表农业生态发展趋势中的资源综合开发指数,反映社会、经济、人口发展与资源水平的关系, $E-D$ 的计算公式为:

$$E - D = \frac{B_5}{w_1 B_1 + w_2 B_2 + w_3 B_3}$$

运用模糊数学中的相对汉明距离和计量经济学回归分析方法,计算了农业生态系统的协调系数。利用模糊数学中的相对汉明距离公式对农业生态发展趋势进行评价,具体步骤如下:

根据各农业生态子系统得分,建立农业生态发展评价模型。运用回归分析方法确定 B_1 , B_2 , B_3 , B_4 和 B_5 中农业生态发展在的比例关系。 B_1 和 B_2 之间的关系可用回归公式表示:

$$B_1 = b_0 + b_1 B_2$$

为了使 B_1 与 B_2 相协调,当 B_2 的一个单位 a 发生变化时, B_1 的一个单位 b_1 也应该发生变化。同样地,计算出 B_2 , B_3 , B_4 和 B_5 的协调变化规律。

农业生态发展协调系数由海明距离的接近度定义,其表达式为:

$$\omega(A,B) = 1 - c\left[\delta(A,B)\right]^a$$

$$\delta(A,B) = \frac{1}{n}\sum_{i=1}^{n}\left|u_A(x_i) - u_B(x_i)\right|$$

式中,c,a 是两个被选择的合适的参数;A,B 即为模糊子集,A,B 在域 U 中,$\omega(A,B)$ 是模糊子集 A 与 B 在域 U 之间的协调系数。其中 $0 < \omega \leqslant 1$,n 是农业生态系统中的指标数量,$\delta(A,B)$ 是相对汉明距离。由此,可以计算利用汉明距离计算得出贴近度。如果距离越近,则系数越小,说明农业生态子系统之间的协调性越小。当 $\omega \leqslant 0.6$,系统 A 与系统 B 不协调;当 $0.6 < \omega \leqslant 0.85$,系统 A 与系统 B 基本不协调;当 $0.85 < \omega \leqslant 0.95$,系统 A 与系统 B 基本协调;当 $0.95 < w \leqslant 1$,系统 A 与系统 B 协调。

（二）预测模型

利用灰色预测模型对农业生态发展趋势进行预测,灰色预测微分方程表示为:

$$\mathrm{d}x / \mathrm{d}t + ax = b \tag{5-1}$$

式中,x 是 $\mathrm{d}x / \mathrm{d}t$ 的原函数值。a 和 b 是灰色预测微分方程的参数值。假设原始农业生态发展趋势数据系列为:

$$X^{(0)} = \left[X^{(0)}(1), X^{(0)}(2), \mathsf{L}, X^{(0)}(n)\right]$$

在原始农业生态发展趋势数据系列 $X^{(0)}$ 中,选择不同长度的连续数据作为原始农业生态发展趋势数据的子系列,其表达式为:

$$X^{(0)}(i) = \left\{X^{(0)}(1), X^{(0)}(2), \mathsf{L}, X^{(0)}(n)\right\}$$

为了减少原始农业生态发展趋势数据序列 $X^{(0)}$ 的随机性,对原始农业生态发展趋势数据序列 $X^{(0)}$ 进行处理。对满足平滑度检验的农业生态发展趋势数据进行累加,得到累加的农业生态发展趋势数据系列:

$$X^{(1)} = \left(x^{(1)}(1), x^{(1)}(2), \mathsf{K}, x^{(1)}(n)\right)$$

$$x^{(1)}(k) = \sum_{i=1}^{k} x^{(1)}(i), k = 1, 2, \mathsf{L}, n$$

为了便于对原始农业生态发展趋势数据进行灰色建模,需要生成平均邻域值的农业生态发展趋势数据序列。该序列是原始农业生态发展趋势数据的加权运算。假设 $Z^{(1)}$ 是由平均邻近值 $X^{(1)}$ 生成的农业生态发展趋势数据系列:

$$Z^{(1)} = \left(z^{(1)}(2), z^{(1)}(3), \text{K}, z^{(1)}(n) \right)$$

$$z^{(1)}(k) = 0.5x^{(1)}(k) + 0.5x^{(1)}(k-1)$$

将式(5–1)中的灰色预测模型转换为以下公式:

$$x^{(0)}(k) + az^{(1)}(k) = b$$

公式中,$x^{(0)}(k)$ 是预测农业生态发展趋势的灰色导数;a 是农业生态发展系数;$z^{(1)}(k)$ 是农业生态发展的白色背景值;b 是农业生态发展系数在 $[0,2]$ 中选取的灰色内容。灰色度 b 越大,预测模型对农业生态发展趋势的预测结果越准确。农业生态发展趋势预测模型的表达式为:

$$\overset{\backslash}{x}{}^{(0)}(k+1) = \overset{\backslash}{x}{}^{(1)}(k+1) - \overset{\backslash}{x}{}^{(1)}(k)$$

由此,可根据预测模型的结果判断农业生态发展趋势。

四、测试和验证

为了验证基于大数据的农业生态发展趋势判断模型的准确性,以 2020 年四个省份农业生态发展趋势为例,采用基于大数据的农业生态发展趋势判断模型和现有方法对农业生态发展趋势判断模型进行检验。ω 是农业生态发展趋势的协调系数,且 $0 < \omega \leq 1$。试验结果见表5–4 两种方法的试验结果。

表 5–4　两种方法的试验结果

省份	实际参数 ω		
	价值	(本书的方法)	现行方法
1	0.2	0.2	0.6
2	0.7	0.7	0.86
3	1	1	0.84
4	0.84	0.83	0.86

从表 5-4 分析可知,在省份 1 的检验中,ω 为 0.2。由此得出,2020 年省份 1 生态发展系统各子系统不协调。在省份 2 的测试中,ω 是 0.7。由此得出,2020 年省份 2 生态发展系统各子系统基本不协调。在省份 3 的测试中,ω 是 1。由此得出,2020 年省份 3 生态发展系统各子系统是协调。在省份 4 的测试中,ω 为 0.84。由此得出,2020 年省份 4 生态发展系统各子系统属于基本协调。本章采用的方法对 4 个省进行了检验。在省份 1 的测试中,为 0.2。由此得出 2020 年省份 1 生态发展系统各子系统不协调。在省份 2 的测试中,ω 是 0.7。由此得出,2020 年省份 2 生态发展系统各子系统基本不协调。在省份 3 的测试中,ω 是 1。由此得出,2020 年省份 3 生态发展系统各子系统是协调的。在省份 4 的测试中,ω 为 0.83。由此得出,2020 年省份 4 生态发展系统各子系统基本不协调。采用现行方法对 4 省进行了检验。在省份 1 的测试中,ω 是 0.6,说明 2020 年省份 1 生态发展系统各子系统不协调。在省份 2 的测试中,ω 为 0.86,说明 2020 年省份 2 生态发展系统各子系统基本协调。在省份 3 的测试中,ω 为 0.84,说明 2020 年省份 3 生态发展系统各子系统基本不协调。在省份 4 的测试中,ω 为 0.86,说明 2020 年省份 4 生态发展系统各子系统基本协调。将本章方法和现行方法的试验结果与实际结果进行比较可知,本章方法的试验结果与实际结果相吻合,表明本章方法可以准确判断农业生态发展趋势。

b 代表农业生态发展系数的灰色度,它一般在 [0,2] 中选取。灰色度 b 越大,预测模型对农业生态发展趋势的预测结果越准确。采用本章方法和现行方法进行试验,试验结果见表 5-5 两种不同方法的参数 b。

表 5-5　两种不同方法的参数 b

测试组别	参数 b	
	本书方法	现行方法
1	1.9	1.7
2	1.95	1.75
3	1.85	1.75
4	1.8	1.6
均值	1.875	1.7

由表 5-5 分析可知,在 4 次试验中,本章方法的灰色度分别为 1.9、1.95、1.85 和 1.8,平均灰色度为 1.875。四个试验中,现行方法的灰色

含量分别为 1.7、1.75、1.75、1.6，平均灰色含量为 1.7。通过本章方法与现行方法的平均灰度值比较可知，本章方法的平均灰度值大于现行方法的平均灰度值。灰色度越大，用预测模型预测农业生态发展趋势的结果越准确，用预测模型判断农业生态发展趋势的结果越准确，验证了本章方法在判断农业生态发展趋势时能产生更准确的结果。

选取区域人口密度、农业劳动生产率、农业土地生产率、人均耕地面积和土地增殖指数五个农业生态发展趋势指标对本文方法和现行方法进行检验，检验结果如图 5-10 所示。

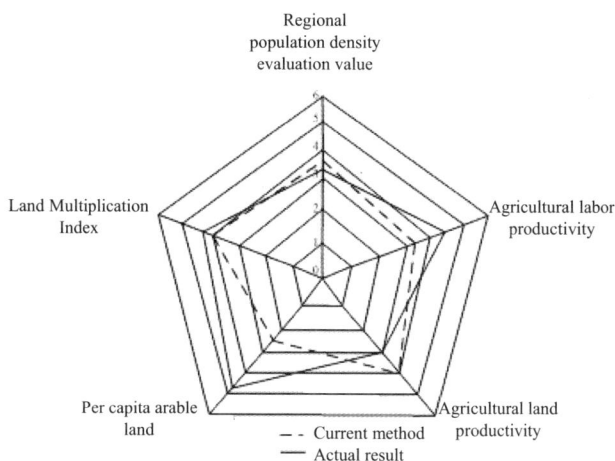

（a）目前方法与实际结果的比较

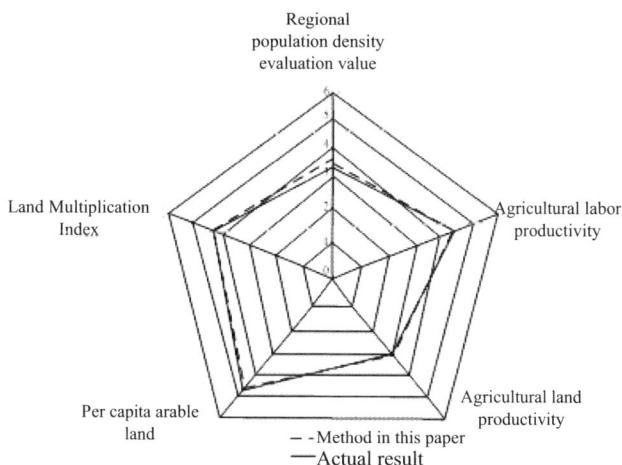

（b）本书的研究方法与实际结果的比较

图 5-10　两种不同测试方法的测试结果

图 5-10（a）是当前方法和实际结果的比较。通过对图 5-10（a）的分析可知，与实际结果相比，现行方法对区域人口密度、农业劳动生产率、农业土地生产率、人均耕地面积、作物产量等农业生态发展趋势指标的评价值远远滞后。因此，农业生态发展趋势判断结果不准确。图 5-10（b）是本章方法与实际结果的比较。通过对图 5-10（b）的分析可知，本章方法给出的区域人口密度、农业劳动生产率、农业土地生产率、人均耕地面积、农作物增殖指数等农业生态发展趋势指标的评价值与实际结果相差不大。因此，本章的方法可以准确判断农业生态发展趋势。

五、总结

综上所述，判断和合理分析我国农业生态发展趋势，建立农业生态发展趋势判断模型，是避免农业生态系统崩溃的基础。现有的农业生态发展趋势判断模型不能准确地判断农业生态发展趋势指标和评价农业生态发展趋势，导致对农业生态发展趋势的判断不准确。提出了一种基于大数据的农业生态发展趋势判断模型，能够准确判断农业生态的发展趋势，为农业生态的可持续发展提供保障。

第六章

低碳经济发展与中国特色
社会主义生态文明建设

生态文明是工业文明发展到一定阶段的产物,是实现人与自然和谐发展的新要求,生态文明建设是关系中华民族永续发展的根本大计。"十四五"时期是"两个一百年"奋斗目标历史交汇期,是低碳经济发展与污染防治攻坚战取得阶段性胜利、继续推进美丽中国建设的关键期。本章以新中国70年生态文明建设的实践与探索为分析起点,探讨低碳经济下生态效率提升面临的困境与优化路径,并在剖析生态文明时代的发展范式转型与低碳经济发展道路的基础上,解读低碳经济与生态文明融合发展及其政府责任问题。

第一节　新中国 70 年生态文明建设的实践与探索

　　生态文明建设是中国共产党治国理政的一个重要方面。新中国成立初期,我国就开始了环境保护和治理,开展水利建设、林业建设,并开始参与世界环境保护工作。改革开放后,环境保护走入立法,我国环境保护法律体系逐步完善。至此,我国在环境方面的相关保护以及对应的治理措施方面,都得到了进一步的完善。随着生态文明的进一步建设和社会发展,将环境保护纳入法律成为改革开放时代的新要求,随着这一立法的产生,使得我国环境保护相关的法律,以及对应的体系各个方面,都随之得到了很好的完善。从 20 世纪 90 年代起,科研人员们就投身致力于对我国壮丽山川的修建之中,在我国的现代化建设中,一个最重要的战略,即逐步科学实现可持续发展,将我国环境的相关保护治理都纳入法制的轨道上,将人口、资源、环境工作等都纳入法律治理体系内。21 世纪开始,我国的相关工作人员都始终坚持投身于建设两型社会的事业,即资源节约型和环境友好型的社会中,这是推动和践行科学发展观,不断努力建设我国生态文明的一股中坚力量。此前,习近平总书记在我国十八大会议中,明确指出了我国的生态文明思想,相关工作人员需要将该思想视作提纲挈领,我国落实了更完善的生态文明法律制度体系,依靠供给侧结构性改革的推进、高质量发展建设人和自然和谐共生的现代化等途径来加强环境污染防治工作、进一步推进环境污染法制工作,并保证构建人类命运共同体的进程中始终重视生态文明的建设。回顾新中国成立以来的 70 年历史,中国共产党一直在环境保护和生态文明建设中发挥其主导和领导作用。

一、新中国成立 70 年生态文明建设的历史阶段

(一)我国生态文明建设的早期探索(1949—1977 年)

战争与无管制的砍伐导致了新中国成立之前生态文明建设进度极

差,就连各项基础设施都处于百废待兴的阶段。环境保护与治理急需提上日程。新中国成立之后,为了解决这一问题,中国共产党将植树造林也确定为与积极发展工业化、发展国民经济的主要任务。此前,毛泽东主席曾于 1952 年及 1956 年发表重要讲话,中心内容包括要集中广大群众的力量,亲力亲为,努力使得大片土地得到一个全新的改变。以及要尽最大努力开发土地的利用率,使得树苗可以存活下来,可以茁壮成长。以毛泽东主席的重要思想作为核心内容,使得我国在生态文明方面取得了重要成就,如 1950—1957 年,这 7 年间就实现了 23 596.4 万亩的造林亩数,1950—1952 年,仅仅两年的时间内,就完成了 6000 多万亩的封山育林工作[①]。自从新中国成立以来,中国共产党的思想就强调要把绿化的相关建设的重要性摆在首要位置,并且提出绿化祖国始终是新中国 70 年生态文明建设的重要战略,落实了诸如农田基础设施新建、修建水库、改造基础设施等实际工作中的环境保护措施。新中国成立初期,面临一系列的生态问题,其中最为明显的就是相关的洪水、干旱灾害的治理问题,由于自然灾害带来的治理问题十分严峻,凸显了建设水库的重要性,水库建设也随之成为相关环境治理中最重要的任务。随后,以下工程都得到了良好的治理成效,包括淮河、黄河,荆还、以及海河工程,这些工程在工作人员们的不断努力下都取得了不凡的治理效果。1972 年,中国政府在《人类环境宣言》中为官大发展中国家发生,也在联合国人类环境会议上表达了中国面对环境问题的立场和最基本的原则,从此正式拉开了我国与国际环境保护组织合作的序幕。1973 年,我国通过不断努力,成为联合国环境规划署的理事会会员。随之,我国立即召开并部署了全国性的,首次与环境相关的重要大型会议,在会上,诸多关于环境治理的事宜得到了确定和部署,比如确定我国之于环境保护,在下一步工作中的重要方针的内容,具体包括全面规划、综合利用、依靠群众、保护环境、以及造福人民等等。此外,这一时期也出台了相关的环境治理文件,如《关于保护和改善环境的若干规定(试行草案)》,以此作为保障环境治理工作顺利开展的重点支撑。在 20 世纪 90 年代末,我国在相关的环境保护领域的诸多工作中都取得了进步和稳固,国家对于相关的环境保护规划做出了文件上的重要部署,并

[①]　中国社会科学院,中央档案馆. 1953—1957 中华人民共和国经济档案资料选编:农业卷[G]. 北京:中国物价出版社,1998:921.

且还据此,建立了领导小组,为保护环境提供了坚实的后盾。随后各个自然保护区也在不同的省市开始成立,生态实践也开始了对点源污染的治理工作,将环境保护的力度抬高到了最实际的治理层面上。中国共产党在自己的不断努力下,进行了对于环境治理的中国特色式探索的相关举措,与此同时,基于中国特色式的相关生态文明等观念也得到了巩固和深化。

(二)生态文明建设的奠基时期(1978—1992年)

改革开放初期,整体工作的重点主要落实在粗放型经济发展上,忽略了对环境的保护,使得我国的生态受到了破坏性的打击。面对如此严峻的局面,邓小平同志高度重视生态文明建设,在多次重要场合强调了生态文明建设的重要性,他指出,资源的利用要合理化,环境的相关保护要得到相关部门的重视,全国人民要齐心协力,通过植树造林等举措,使得我们的祖国的绿化得到保障,才能造福于后代。我国在第五届人大四次会议上,为进一步为推进生态文明建设做出重要决议,为将植树造林这一理念更直入人心,将植树节写入法律,并做出《关于开展全民义务植树运动的决议》等重要的安排部署。通过一系列的努力后,最终,我国环境保护的地位逐渐增高,1978年更是从最高法层面体现了环境保护的重要性,首次将其列入了《中华人民共和国宪法》。以此为节点,环境保护在法律上的体系建设得到了更多的发展,包括我国的首部与环境保护相关的法律条文《中华人民共和国环境保护法(试行)》的推出、到20世纪90年代末,我党组织并成立国家环保总局,其职责是重点负责国家层面的环境保护的相关工作,再到经过一系列的发展后,最终推出《中华人民共和国环境保护法》,至此,使得环境保护在我国建成了法律领域上的基本体系框架。城市环境、乡镇企业的环境整治效果显现,都体现了这一时期中环境治理取得了成效。除此之外,这一时期城市污染防治的综合技改也走上了正轨。更为重要的是,在这一阶段中,我国在国际环保方面取得了较大的进步,从加入环保方面的全球组织到加强环保方面的国际交流,我国也深刻认识到环境治理是一个长期可持续进行、是一个迫切需要全球人民联动推进的重要任务,基于此,我国进而签署了一些有助于推进全球环境保护向上发展的诸多重要协议,这其中就包括《21世纪议程》以及《关于消耗臭氧层物质的蒙特利尔议定书》等等。

(三)生态文明建设的稳步展开时期(1992—2002年)

从党的十四次大会开始,更大规模的关于保护环境的诸多行动,以及对于生态环境的进一步治理和推进开始实施和落实。在包括环境总局在工作人员的共同努力下,出台并印发了《全国生态示范区建设规划纲要(1996—2050)》,此外,对多达50个县的生态示范区的相关建设进行了批准。21世纪初,《关于进一步做好退耕还林还草试点工作的若干意见》正式出台,国家环保总局将封山育林、育草等任务正式写入法律,同时也要求西部大开发战略也必须以生态建设、环保治理作为主要任务。随着大量生态文明建设法制化的探索,我国环境保护治理方向的法律中法规更加完善,在全体相关工作人员的共同努力下,我国共出台了多达30多部与我国的环境保护及治理方面的行政政策和相关的法律法规,包括《排污费征收管理条例》《自然保护区管理条例》等。除了立法,国家也没有忽略执法的重要性,甚至监督严格执法放在更重要的位置,对生态环境的破坏者予以严厉的惩罚。另外,国家也在管理体制方面进行了一些新的尝试,通过与多种管理方式的有机结合,精简繁琐的工作,将生态环境保护工作的各个环节整合为一,最后成为一个全新的系统性的工程,组建以其为目标的完整队伍、建立系统的检测网络,对生态环保进行进一步全面的监管。随后,我国依据国情提出了多项环境保护的有效措施,签署2000年联合国发起的《千年宣言》,以及各国共同签署的遵守环境公约,在国际方面的环境保护合作中取得了更大进展。

(四)生态文明建设的全面推进时期(2003—2012年)

党的十六大以后,生态文明建设成为国家治理环境的重点,生态环境保护领域也得到了充分的重视。西部地区生态建设和保护发展的主要体现是《退耕还林条例》在2003年通过并开始实施,截至2006年,我国建设了大批生态农业示范区、森林公园,自然国家级保护区成立了243个,自然保护区更是有2349个。随着个大江大河的水土保持和防护工程的大力实施、《水污染防治法》《环境影响评价法》《防沙治沙法》等法律法规的修订以及相关法律的出台,我国在生态环境保护的法制方面的探索进一步深化和完善。除去法制方面的发展,我国的生态文明建设管理方面也有新的探索。截止到目前,在广泛吸取已有生态文明建设成果和经验的基础上,进一步发展了中国特色社会主义生态文明发展和建设。此外,胡锦涛同志更是坚持以人为本,提出科学发展观,强调全面、协调、以及可持续的重要观念,形成了促进经济社会的发展、以及强调人的全面发展的重要方针,以此作为环境保护等相关工作开展的重要依据,同时,我国出台的《中共中央关于制定国民经济和社会第十一个五年规划的建议》中,进一步强调了建立两型社会的重要性,对资源节约型和环境友好型的社会进行了详细的阐述,为十七大会议提出生态文明建设理念奠定了基础。据统计,我国对于环境保护方面投入的金额总数超过了其他国家,我国在相关的环境保护政策方面也进行了进一步的创新,如落实绿色刺激计划,重视清洁能源的发展。2007 年,"生态文明"这一理念及其发展目标、表现方式的解释首次出现在党的十七大报告中,标志了生态文明理念的正式确立。在此期间,中国进一步加强与国际的交流与合作,在 2007 年的《中国应对气候变化国家方案》中提出了减排的中长期目标,紧接着,在 2008 年发表了《中国应对气候变化的政策行动》。这些都体现了中国对于全球生态文明建设负起责任的大国承担,也推动了全球生态文明的发展。

(五)生态文明建设的深化发展(2013 年至今)

以党的十八大为节点,生态文明在我国各项建设中的地位更加重要。自 2013 年 9 月《大气污染防治行动计划》开始正式实施起,单位GDP 能耗、用水量等每年都有大幅下降,成效显著。党的十八届三中全会顺利召开,进一步推进了我国的生态文明建设,突出强调在生态文明建设中相关制度建设的重要性,重新部署了生态文明的相关建设举措,整个会议突出了体系制度建立的重要性,即要想建设生态文明,就要对生态文明制度体系进行整体的、系统上的完善,对环境治理以及生态的修复制度都要予以重视的重要思想[1]。制度的建设是生态文明建设的重要依托,并做出重要部署,首次将其列入党的重要会议的文件中。该次会议通过实施了一项决议,即《中共中央关于全面推进依法治国若干重大问题的决定》,该项决议的重点在于明确制度建设的重要性,即制度是法制化推进生态文明建设的重要一环,生态文明建设需要健全的法律为其保驾护航,反复说明在食品药品安全等领域进行综合执法的重要性[2]。2015 年,全新进行修订了环境保护的法律,即《中华人民共和国环境保护法》,并予以推行和落实到点,全国开始有序对其进行了

---

① 中共中央关于全面深化改革若干重大问题的决定[N].人民日报,2013-11-16.
② 刘锋.经济发展新常态下破解"中国式难题"的战略思维与现实路径——中共十八届五中全会的"五大发展理念"解读[J].广西社会主义学院学报,2016(2):5-9.

实施,具体通过问责等方式,实施了全面的依法治理,并以此使得诸多环境难题得以破解,逐一击破后都取得了不俗的成果。在 2017 年,省级机构就解决多达八万余起的与人民利益切身相关的环境问题,多达 1500 多项的整改方案被提出和落实。十三届全国人民第一次大会上提出的《中华人民共和国宪法修正案》使得我国的生态文明建设被首次载入我国的宪法,这一举措不仅进一步地推进了我国的生态文明建设,也标志着我国形成了以"五位一体"为主的发展新格局。在这个新的发展时期,国家的发展方向是将国际环保先进技术纳入进一步建设的轨道中。2013 年,在联合国环境规划署的第 27 次的理事会会议中,议员们通过讨论和决议,将中国的生态文明理念被纳入其决议案。更是于 2015 年建立了高达 200 亿元专款合作基金,"中国气候变化南南合作基金"就此成立,帮助发展中国家因地制宜的解决气候急剧变化问题,为全球的气候治理做出贡献。我国在 2016 年的中下旬加入了《巴黎气候变化协定》,这展现了中国对于环境保护和生态文明建设的决心和实际心动,也是中国作为大国为全球环境治理负起责任的表现。截至目前,我国涉足参与的,与生态环境相关的诸类协定书有 30 多个。中国已成为全球生态文明建设的重要参与者,也是环境保护的重要引领和探索者,为全球的生态建设贡献了巨大的能量,为全球应对气候变化等多项合作做出了重要贡献。中国对于生态文明建设的探索进程和成效,都是中国共产党高度的历史自觉、文明自觉的体现,是中国共产党为人类新文明形态发展做出的贡献。

自新中国成立以来,我国经历了从建设生态文明发展雏形、到完善、成熟,甚至开始引领世界生态文明建设的国际合作。这些为中国发展生态文明积累了丰富的经验,也是下一时期对世界、对中国生态文明建设的重要依据和参考。回望整个新中国的发展,不论是经济发展还是环境保护、生态文明建设,共产党始终是这些建设推进的领导力量,共产党的倡导和主张永远与时代相呼应,顺应时代的潮流,推动社会跟随时代的发展。生态文明建设理念在社会号召与党的领导下上升为国家意志,将会推动我国生态文明建设进一步发展。

二、新时代中国特色社会主义生态文明建设的推进

自中国召开党的十八大以来,我国生态文明建设步入新的历史阶

段,即以习近平总书记为核心,我国的党中央承前启后,带领全国人民开始了对新时代的中国特色社会主义生态文明建设的新的探索,这次大会探讨并全面性地解答了建设生态文明的理由、以及我国未来的生态文明的美好蓝图,不仅提出了生态文明应该如何建设的实践方案,还提出了重大的相关理论依据,综上,形成了习近平总书记对于我国生态文明的重要思想。习近平总书记对于生态文明的总思想有着十分深刻的见解,生态文明思想所包含的内容翔实,这能够使得广大群众更为细致和深入地了解我国的生态文明建设的重要性,只有不断坚持贯彻,树立发展新的生态相关发展理念,才能从根本上协调经济与环境保护协同发展的相关事宜,要继续坚持走文明发展之路,这种文明发展的道路包含了人民要生活富裕、整体生态环境要良好、企业生产要可持续发展的内容,要继续践行低碳经济的发展、资源可循环利用的发展、以及与绿色发展的相关内容,进一步促成人民养成绿色的生活方式,社会要以绿色方式进行发展,以上都有利于塑造并最终建成美丽中国和构建全人类的命运共同体。

习近平总书记的生态文明思想如今已经受到了广泛的认知,他提出的"两山论"是推进我国不断实现现代化建设的理论支撑,其提出的绿色发展理念是现在五大发展理念之一。从人类的整体历史进程来看,一个环境良好的社会从根本上影响着人类的生存及后续发展。倘若人类的自然环境遭到损坏,人类必不可能不受影响,其危害是显而易见的,进而改变人类文明的进化过程。因此,我们社会要想实现可持续性的发展,就需达到与自然的和谐状态。习近平总书记对于生态文明思想的进行详细地叙述,他总结出我国生态环境保护与我国未来的经济发展之间存在着必然的联系,这种联系的意思就是,人民群众不仅要保护好我国的绿水青山,同时也要创造出金山银山。绿水青山和金山银山缺一不可,要维系好两者间存在的重要关系,习近平总书记进一步指出,建设我国的生态文明是一项是与全体人民福祉相关的大业,这也与民族未来有着非常紧密的联系[①]。这种重要的思想内容最终在党的十九大报告得以体现,也被《中国共产党章程》总纲纳入。在我国的党的十八届五中全会中,绿色、开放、共享、创新、协调等新的发展观点被提出。绿色发展是一条改善人与自然关系的必由之路,要想从根本上解

---

① 《人民日报》2013 年 9 月 8 日。

决我国的生态问题,就要贯彻落实生态环境的保护措施,以最终达到经济社会协同发展的重要目的。习近平总书记指出,全国人民形成绿色生活方式的速度要加快,企业形成绿色发展方式的速度要提升,要强化对于自然资本的认知,深刻理解自然的重要价值,我国的自然生态存在极高价值,要实现我国自然资本的增值及自然本身的价值的,保护自然就是为实现这样目的的一个重要过程①。习近平总书记的思想充分展示了对资源全价值的重视、以及寻求人与自然的协同发展、和必须尊重自然的一系列相关理念。绿水青山和金山银山之间的存在的辩证关系也逐渐得到社会高度认同,激发了全体中国人民建设美丽中国的激情。

一个完善的生态文明法律制度体系对于环境保护的落实有着非常重要的指导意义。党的十八大以来,党中央根据我国国情的需要,逐步探索出一条依法治国、为生态环境保护提供强有力的法律保障,相关的规章制度也越来越健全,生态文明建设也有了非常明显的进步。

供给侧结构性改革至关重要,这场环境污染防治攻坚战我们有信心打赢。总的来看我们国家环境污染还是非常严重的,之前由于注重经济快速发展问题,在生态环境保护方面做得明显不够,可以说节能减排、保护环境的任务非常重。党的十八大以来,党中央根据我国国情以习近平生态文明思想为重要指导方针,大力加强生态环境保护,这其中毫无疑问的是需要进行供给侧的改革,从一些基础的大型工业项目入手,各项节能减排的指标严格按照相关法律法规执行,近些年来生态环境的保护已经取得了非常显著的成效。

下一步,建设现代化且具有中国特色的经济体系,对于现在我国的经济发展来说具有重要的意义。我国经济发展不光要追求速度快,与此同时也要追求质量好。快速推动生态文明建设与推进经济高质量发展是互补的。首先,高质量的经济发展可以从根本上提升广大民众的生活品质,在碧水青山蓝天白云的良好自然环境中,人们身心更加健康,社会更稳定,这毫无疑问是一个多方共赢的局面。另一方面,要按照习近平讲到的"绿水青山就是金山银山"的生态环境保护发展理念,节能减排、保护环境也是我国进一步发展经济所必须要考虑的事情已经先试先行,找到了不同于西方发达国家的实现经济社会发展的新道路,这些榜样对于国内的生态文明建设具有重大作用。

---

① 习近平:《推动我国生态文明建设迈上新台阶》,《求是》2019 年第 3 期。

习近平认为,生态文明思想完全可以走向国际舞台,对于我们广大能够吃苦耐劳的老百姓来说,我们迎来了社会主义的好时代,这些都与他的外交思想被国际所接受这件事离不开。在诸如20国集团峰会等多次世界性交流会议当中,我们国家的领导人都曾发表以"生态环境保护"为主题的重要的讲话,并在实际行动中践行这些主张,为推动构建人类命运共同体做出了一个发展中大国该有的贡献和努力,这同时也体现了我们国家在推动生态环境保护方面的担当。

第二节　低碳经济下生态效率提升面临的困境与优化路径

经济的低碳、绿色发展是全球共识,符合人类长远利益。目前,我国处在"调结构、促改革"的重要阶段,有着经济增长以及生态和谐的双重任务。本小节将会重点围绕低碳经济下生态效率提升面临的困境与优化路径展开说明。

一、生态效率的概念及价值分析

生态效率(eco-efficiency),就是在尽量保证经济发展的同时,强调可持续发展概念,在保证生态环境不被破坏的情况下,也能生产出高品质的产品,即在实现最大化价值的同时,实现最小化污染和资源消费。

毫无疑问的是这对于绝大多数发展中的企业的经营提出了非常高的要求,这也是前所未有的需要企业承担保护生态环境的责任。除此之外,低碳经济已经成为一种全球的经济发展趋势,把它当作衡量一国绿色竞争力的重要参考。总的来看,生态效率包含两层意义:第一,为了最大限度促进生态环境保护,首先必须要严格控制生产过程中各种废弃物的排放。其次,尽可能保证经济持续增长不受影响的情况下,降低生态投入。

早在 2003 年,在世界范围内由英国第一次提出了低碳经济的说法。生态效率除了是一种价值工具之外还有以下两个非常明显的作用。首先需要强调的是,生态效率本质上来说也是一种衡量指标,它对于环境和经济效益的同时发展来说有着非常重要的意义。其次需要说明的是,生态效率毫无疑问也是具有道德价值的,为这其中最重要的一点就是赋予了各企业非常明显的社会责任。虽然"绿色"已经成为社会发展热点,但将低碳思想与经济发展相结合,实现环境和经济效益和谐,还需要采用生态效率方案。

二、低碳经济下实现生态效率的困境分析

从现实发展情况来分析,要想进一步实现我国低碳经济下的生态效率,下一步我们需要做的就是需要从根源上想办法尽快解决思想认识不足、制度不够完善等多个问题,使生态文明建设得以常态发展。

(一)"低碳、绿色"意识不足,降低了生态效率的价值地位

以纵向维度的角度来观察,我国从多年前就提出发展绿色、低碳经济,并把建设生态文明社会进一步提升到一个更为重要的战略高度,但是站在广大民众的角度来看生态环境的保护意识还存在着非常明显的不足。以下两个方面需要特别注意:一是,生态效率被当作是价值工具,但是在推动低碳经济发展方面并没有实质的效果。各省市政府在发展当地经济时,并没有"低碳、绿色"意识,很多时候仍然以经济至上、政绩为先。尤其是在保持和恢复自然环境上,因为会付出较高的经济成本,在这种情况下自然环境的保护往往会被无视,这样也会直接导致节能减排的目标难以实现。二是,生态效率具有道德价值,对于民众的各种破坏生态环境的行为难以形成真正的约束。广大民众甚至觉得发展绿色经济是政府应该做的,与自己无关,低碳经济的进一步发展也就无从谈起。

(二)公众参与缺位,制约了生态效率的实现基础

从一方面来说,社会资源问题的产生在一定程度上,使环境问题的出现和恶化。要想实现可持续发展,进而改善生态环境。对于我们每一个人来说一定要认清自己的社会责任,不断增强生态环境保护意识。现代社会发展低碳环保型经济,是为了有效的应对资源环境问题。到目前这个阶段,要想进一步保持我国经济的稳定快速健康发展,环境资

源问题就一定要得到妥善的解决,公民的低碳消费意识一定要加强,使每个公民都积极有效地参与到具体的生态环境保护中。如果缺失公众生态消费行为,民众生态环境保护意识不强,生态环境的保护将无从谈起,各大企业想要进一步发展低碳经济也绝非易事。从现实的经济发展情况来看,企业在发展中多以经济利润作为唯一指标,而对于自身所需要承担的社会责任往往避而不谈,很多时候为了追求利润最大化甚至不惜破坏周围的生态环境,这也直接导致低碳经济的发展阻力重重。

(三)低碳绿色技术发展滞后,削弱了生态效率的实现潜能

科技进步是经济发展的第一动力,技术方面的革新是进一步保证低碳经济的发展的必经之路。现在,我国绿色低碳技术对比于发达国家还有很大的差距,在提发展绿色能源、高能源利用率等方面还有不少技术难题,这从某个角度上来说削弱了生态效率的实现潜能。从以下两个方面可以看出:第一,技术创新人才缺少,不足以支撑自主创新项目的开发。本书通过发展风能源为例进行说明,专业技术人才的严重不足,直接导致了企业在技术创新方面止步不前。第二,研发资金投入不多,使得企业在投入资金时有所顾虑,这是我国低碳技术发展落后的主要原因。

(四)制度保障体系不完善,阻碍了生态效率的实现路径

通过立法使生态效率得以实现是众多发达国家发展低碳经济的主要手段。《循环经济促进法》是我国比较早出台的一部保护生态环境的法律,紧接着一系列的法律法规的陆续出台也收到了一定的效果。可是距离构建低碳绿色制度体系还有很大差距,没有完善的制度保障体系引导低碳经济的发展。比方说在定价机制方面还存在着明显的不合理性,在生产施工过程中由于激励以及约束机制还不够完善,导致人们在实际操作过程中对于节能减排没有一个很清晰的责任意识,浪费资源的现象依然屡见不鲜,除此之外系统性法律也不够完备,使得企业发展低碳经济约束不足,与此同时,来自全国各不同地方政府为了自身的利益之争,在低碳经济发展方面没有真正做到拧成一股绳。

三、低碳经济下实现生态效率的优化路径

发展低碳经济,技术创新是第一动力,低碳经济下实现生态效率的优化路径主要可以从以下几个方面深入展开。

（一）更新价值观念，为实现生态效率创造良好环境

从表面上来看，我国经济在改革开放之后经历了一段迅猛发展的时期，但这也对生态环境造成了非常明显的破坏，曾经的青山绿水一去不复返了。由于更加注重政绩，导致相关的政府职能部门他们都不花费更多的资金治理环境污染。要想从根本上创造良好的低碳经济市场环境，必须舍弃传统价值观，让生态环境保护意识真正深入人心，各方面广泛宣传生态环境保护作为道德价值、公平价值与工具价值，能够指导人类协调生态与经济的共同发展，实现低碳绿色经济。

（二）完善公众参与机制，为实现生态效率提供道德支撑

通过各种媒介，如互联网、电视栏目、公益广告等，达到宣传绿色环保以及低碳经济，引导公众主动参与，从而提高公众对于生态环保的意识。政府部门不断强化、完善低碳经济的相关政策的可实施性以及其科学性，完善民主框架，将资源循环利用以及生态保持加入其中，以此强化公众对于低碳消费的概念和意识，此番举措将为生态效率的提高奠定道德伦理上的基础。一方面，让公众认识到，新型低碳消费行为，就是在为发展低碳经济做出贡献。另一方面，用市场上的需求作为基础来引导群众进行低碳经济消费，倘若公众对于低碳和绿色产品的支持度上升了，能够更容易地营造适合低碳经济发展的市场经济相关氛围。再次，用加强宣传等手段使得公众消费者可以切实了解到生态效率的提升对于保护与他们生活息息相关的生态环境的重要程度，对于提升其加入低碳经济大军中的积极性有着正向促进作用。总而言之，我国的社会想要达到法制层面的完善，无法脱离人民群众而实现，只有群众理解了低碳经济的内涵和意义才能积极地参与进来，成为当中活跃的一分子。法律如果没有得到公民的认可和支持，就无法在一个良好的大环境下得以高效的落实。将社会各层的群众意见进行整合，无疑是为该项经济立法提供保护伞的切实可行的途径之一。由于社会不同阶层对于整体环境中的各项资源利用的程度不同，必然会导致对生态效率的不同理解。因此，政府部门更应该依托此背景，动员公众参与的积极性，收集社会各方想法，完善法律制度，实现全民参与的机制。

（三）鼓励低碳技术研发与推广，为实现生态效率奠定坚实基础

发展低碳经济，必须有一支强大的技术研发队伍，并以推广为基础。纵观西方发达国家的经济发展，必须增加研发经费，培养更多的跨学科科研人才，这是实现生态效益、发展低碳经济的可持续动力。结合自身国情,从以下三个方面展开:首先,完善资本投资模式,为低碳技术的研究和开发提供强而有力的经济基础,以此保障我们的生态效率拥有充足的资金储备。其次是,对于知识产权的相关保护措施要予以完善,具体可以通过鼓励企业利用相关的低碳技术来研究和发展其产品,还可以给予企业空间,如一定比例的低碳税收补助。最后,应着力于提升在低碳技术,及技术创新等相关方面的资金、人力等投入,使得产、学、研全方位的研发体系能够得以完善,并且注重开发和研究低碳能源等相关技术。

(四)完善低碳制度体系建设,为实现生态效率提供有力保障

制度创新是维护低碳经济不断向上蓬勃发展的源动力。要想进行制度创新,首先就要运用法律这一介质的激励与约束作用,正向促进两个"转变",为塑造利于生态效率提升的体系而服务。转变之一,是通过转变消费者的消费理念来实现低碳消费,最终实现消费模式的转型;转变之二,是通过转变生产者的生产理念,带动企业以低碳绿色的方式进行相关的企业产品生产,使得低碳绿色经济可以在行业内发光发热。尽管我国曾经拟定过部分与促进低碳经济相关的法规及政策来保障其正常的向上发展,但总体而言,欠缺对于体制系统性方面的考虑。具体来说,在法制法规方面的系统性考量对于建立完善的能源方面的法制法规体系是非常重要的,这可以推动能源长久规划的法律地位;通过塑造完整的能源价格体系,形成一种可持续性发展的态势,也就是可持续发展的能源方面的体质体系;可以通过考评或者考核的体制达到提升低碳经济快速落实到位的目的;制定具有强制性实施的最低消耗能源标准,完善并进一步推广能效标志识别制度已经迫在眉睫。

目前,发展低碳绿色经济已经成为一项长期国策,国家不仅要提高消费者进行低碳生态消费、企业用绿色生态观念进行生产,更重要的是,要有优秀而完备的法律法规作为后盾,为低碳经济制度体系保驾护航。且考虑到低碳经济在我国具有一定的复杂程度,所以现阶段的首要任务是对于《环境保护法》的修订和完善,以及对于整体能源法律体系的整合等,要秉承着以生态文明理念作为生产和消费的指导理念,加快建立完善的生态效率评价考核制度。相关执法部门应予以高度重视,对相关部门进行强而有力的督促和备查,推行并落实能效标识制度,在责任追究以及惩处力度方面同样不能放松,进而塑造三方联动机制,即政府、公众和企业的良性联动。推进资源价格体系的优化,利用市场经济的市场化方式使得群众能够自觉进行低排放行为来降低能耗,出台需强制实施的最低能耗以及最低排放的基本标准,使得我国的低碳经济能够得到平稳而快速的发展。

第三节　生态文明时代的发展范式转型与低碳经济发展道路

对于中国目前经济发展的资源、环境代价问题,只能通过完成工业文明发展范式向生态文明发展范式的转变,才有可能从根本上得到解决。中国的经济发展模式有较高的消耗,并且对环境不利,这种情况并不利于长期发展,同时现行工业文明框架下的经济发展方式改变并不能从深层次解决问题。因此,中国在保证经济发展的同时,又想要保住"绿水青山",就必须要根据生态文明发展方式范式的要求,走低碳经济发展道路。

一、生态文明的经济发展范式与低碳经济形态

"范式"最早由托马斯·库恩(Thomas Kuhn)提出,是指某种观念、理论和规律,它规定了人们共同的基本理论、观点和方法,常常表现为某科学集团对某学科遵循的规律和行为模式。中国正大步迈向经济现代化,在这个过程,需要选出适用的经济范式。在选择过程中,经济范式的改变包括了增长方式和发展方式两方面的改变。对于经济增长方式而言,重点在于对生产要素的相关要求的改变,在整个生产过程中,注重"质"而非"量",改"分散"为"集中";对于第二个方面的转变是对投入产出比更为重视,即消耗更少的能源,获得更多的成果。

约瑟夫·胡伯(Joseph Huber)最早提出生态现代化(ecological modernization),这一理念兼顾了经济发展和环境保护,成为现代文明的发展目标。实现工业现代化是大势所趋,只实现现行工业的经济发展方式并不实用,还应该努力完成向生态文明经济发展范式的转变。

从过去的近二十年到以后,中国工业文明"窗口"的经济发展变化大致走下述三个步骤:第一,早期变化。变化对象主要是经济方式,改追逐数量和外观为追求质量和内在,同时变得更集中。第二,后期变化。变化对象主要是生产要素,即在生产过程中,要同时注重经济要素的分配和结构改进。第三,转变进入生态文明阶段,即完成了经济发展的转型过程。上述转变大约有六个维度:经济体制、发展导向、文明类型、支柱产业、发展特征、测度模型。

低碳经济有利于长期的发展,它的创新性在于可以形成更加优化的能源利用结构,耗材少,产出多,同时对环境友好,没有传统经济模式产生对环境的破坏。

发展低碳经济是对经济发展范式的创新,符合当今世界经济发展低碳化趋势,可以应对气候变化带来的影响,它对世界经济的增长也有极大的促进作用;低碳经济能够保证在促进经济发展的同时高效利用能源,而且对环境友好,不利影响少,它是一种更适合中国"两型社会"生态化发展的经济发展方式(李宗才,2010)。

二、低碳经济的理论考察与中国发展低碳经济的现实条件

中国经济发展迅速,但同时也出现了很多亟待解决的矛盾,如人口多与资源少的矛盾,经济发展与环境保护的矛盾。第一,先前的经济发展模式资源利用率并不理想,同时给我国生态环境带来了极大的影响。第二,中国仍是一个低收入的发展中国家,要发展就不能停止工业化和现代化的进程。综合以上两点,中国可以采取绿色低碳经济模式。此模式优势明显:资源消耗少和环境污染少的同时,产出高,效益也高;通过利用碳中和技术,达到向低碳方向发展的目的。下述五点即说明为何选用低碳经济发展模式。

第一,中国正处于快速发展的重工业化阶段,在这个时期,必须保证能源及时供应,但现状是我国人均能源蕴藏量基本处于世界中下游水平,油气和铁矿石更是不足,这一情况使我国不得不增加对国际油气资源和铁矿石资源的进口量。这些资源的价格还在升高,这使得中国的抗风险能力变差,中国经济增长的稳定性和产业竞争力也受到影响。基于以上情况,中国要实现经济稳定和持续发展的目标,只能不断向低碳经济迈进,降低能耗,增加产出,减少排放,完成发展方式的转变。

第二,从中国的社会结构转型方面分析,中国正加速城市化。而城市比农村存在着更多消耗的情况。从实际情况来看,城市人口分布比农村人口集中,交通也更拥堵;同时,城市的消耗大,环境污染严重,但是城市的经济水平比农村要高。对城市而言,较高的经济水平是以较高的资源投入和环境污染为代价的。近些年,中国城市数量飞速增长,城市的常住人口数量也在增多。城市快速发展,城市能源资源消耗和废气排放的相关问题必须得到重视,发展节能减排战略,加快推进低碳型城市化进程是当务之急。

第三,基于产业发展角度分析,近年来,国际对碳排放量的关注度越来越高,碳排放量是判定人类经济发展方式的重要因素,低碳产业潜力大,机会多,是新兴的朝阳行业。近年来,中国的传统优势产品出口的形势不容乐观,常常受到欧美发达国家压制,而碳排放量也越来越受到国际关注,正在成为发达国家铸造的绿色壁垒。当今世界的经济已进入全球化时代,生态化的低碳产业正在蓬勃发展,成为新兴的朝阳产业,中国实现现代化就必须要坚定不移地大力发展低碳经济,只有经济水平提上去了,公众的就业才能得到保证,就业就是最大的民生。

第四,从社会发展战略方面来看,近年来,我国的高碳排放的虽然带来了经济的快速发展,但同时也带给环境严重的破坏。发达国家以作出应对策略,比如,欧盟和日本将致力于建设低碳社会,以期减排温室气体并控制气候变化方向;美国也开始转变经济发展方式,重视起低碳产业的发展。发达国家的改变也带给中国启示,中国将立足当前的国情,大力发展绿色低碳经济,重视生态文明建设,努力建设成为经济发展,环境友好的社会,同时也是制度创新,具有中国特色的社会(王毅,2008)。

第五,从整个国际社会角度来看,碳排放处在越来越高的战略地位。本世纪之前,国家之间的争夺对象是资源,而进入新的时代,所有国家都会越来越重视生态文明,努力转变为低碳经济模式,这势必会导致争夺对象变为碳排放权。在出口产品中,大部分仍是资源和能源密集型产品。我国的经济在快速发展,人口数量在上涨。我国的能源消耗及碳排放量大,并且还会增长。同时,我国也正面临着国际社会要求碳减排的压力,这些压力与日俱增。中国作为世界上发展最快且最大发展中国家,会担起属于自己的责任,发挥自己的主观能动性,与其他国家一起携手应对气候变化带来的巨大挑战,承担起温室气体减排的义务,维护公平公正的国际政治经济新秩序,为全球环境治理尽自己的一份力。

三、中国低碳经济发展道路的选择

中国低碳经济发展及其道路的选择有以下几点需要注意：首先，应当尊重其他国家的想法，积极参与气候保护；同时，应该具体问题具体分析，合理地制定发展目标、选择适合自身的发展路径、合理定位发展阶段、着重攻克关键技术、不断完善相关制度保障。

以科学发展观的需求为基点，中国的低碳经济发展致力于建设可持续发展的生态文明社会，其特点是节约资源、对环境友好、以低碳导向。另外，中国的低碳经济正不断的进行实践，在这个过程中，大力发展低碳经济，给予低碳产业支持，支持城市生态化，实现可持续发展。中国低碳经济发展道路是由目前中国经济的发展阶段和水平而定的，它是分阶段，渐进性的发展过程。在这个过程中，技术要进步，相应的结构也要不断得到优化。第一步是减少碳排放量，完成这个目标后，进行第二步，即减少人均碳排放量，需要注意的是，工业化进程不能放慢脚步，仍要按照计划稳步进行。

中国的低碳经济发展有自己的重点：一是资源利用率，二是能源结构。相关因素有碳排放的系数、人口情况、人均国民生产总值、及能源情况。中国的生育率水平较低，如果采取控制生育率的方式，不利于中国人口结构的发展；同时，中国现在还未进入发达国家的行列，经济发展亦不能停。由上述分析可得，中国只能通过降低能源消耗强度，来发展低碳经济。而对于碳排放系数这一因素而言，也没有好的解决办法。从理论角度分析，几乎没有可能改变碳排放系数的值，所以无法从这个因素下手。通过以上分析可得，在较短时间内，有可能大幅下降的只有能源消耗强度这一因素。只有调整能源结构，并且提升能源效率，才有可能降低整体的能源消耗强度。首先，要减少煤炭的总体使用量，同时，要重点提高煤炭净化的比重占比，更多使用天然气等清洁能源，同时，加大对清洁能源使用的支持力度，提高总体的资源利用率，降低耗能，减少污染，优化结构（张坤民，2009）。

中国走的是低碳化路径，节能减排是目标，而这一目标的实现需要市场走在前端，同时政府和道德两个方面也要通力合作。在节能减排方面，可以考虑政府、道德和市场等手段，其中市场手段是最有效的（盛洪，2008）。碳减排并不是某一个国家的事，气候变化带来的影响是全球性的，每个国家都不可能独善其身，这更要求每个国家携手共同努力。政府明确单位 GDP 下二氧化碳排放下降目标,同时给出具体的执行标准,大力推进低碳技术的商用推广;同时,国家也加大了奖励力度,对产业给予一定的补贴,甚至还有可能减免一定数量的税收,以此推动可再生性能源产业的快速发展。政府应抓好碳减排的关键,构建操作性强的市场制度,调整市场机制和行为,为节能减排技术的发展注入动力,形成有利于碳减排发展的市场环境。市场手段并不是狭义的是市场概念,而是广义上的市场化改革,可以补救市场失灵,提高市场效率;另外,低碳经济也对素质有着较高的要求,它需要每一位社会公民的参与,有意识地引导人们向低碳生活方式转变,过更加简约的生活,全民的低碳节能意识要有整体上的提高。

中国不仅要开始大力发展低碳经济,还要鼓励技术上的创新。首先,着重发展替代技术,摒弃传统工业时期常用到的化石燃料,寻找能替代的实用性强的能源;其次,还要大力发展节能技术,如净化煤炭应用,发展氢能等等,对于这些,国家政府应大力扶持,另外,国家应该提倡产业多使用前沿的低碳节能技术。对于专利主管部门,应发挥自己的职能优势,给予发明者在申请专利过程中更多的便利,同时保障低碳技术发明者的知识产权,加快技术转入使用的速度。

中国低碳经济发展任重道远,要想有所突破,就必须要创新,对于低碳产业发展,要给予适当的引导,并加大激励和规范的力度。首先,提倡制度创新,尤其是对于 CDM 的发展。其次,构建起碳交易的大平台,细化交易制度,完善碳排放量减少的标准,促进合作,形成更有效的碳排放组织机制;再次,对于绿色金融(碳金融)的相关制度,要进行创新,如构建"绿色信贷体系",推出系列产品,比较不同试点的实施效果,并进行完善工作。

第四节　低碳经济与生态文明融合发展及其政府责任

当今,经济问题已经不是唯一的工作重点,环境问题也需要得到重视,政府更应该扮演好领导者的角色,大力推进生态文明的相关建设,完善环境保护法规并促进社会的稳定发展。

一、政府责任的内涵

"责任"这一概念不仅体现了意识理念,还规范着人们的行为及选择,它是复杂且综合的概念。在中国社会,责任的伦理体系完善,并且它已形成一种观念,改变人的思维方式,指引人进行更规范的行为;另外,它也影响了中国文化的内容,甚至是整个国家机器。政府责任是指政府做为一个整体,它对社会公众所应负担起的责任。政府有责任和义务对社会公众负责,它需要积极主动地服务社会,探求社会公众真实的需求,采取措施满足这些需求,努力建设更好、更和谐的生态文明社会。另外,政府组织及其公共行政人员还应该经常检查反省自身工作,有则改之,并按规章制度办事,接受相应的处罚。

二、低碳经济与生态文明融合发展视域下明确政府责任的意义

(一)强化政府的生态责任践行

强化政府的生态责任践行,不仅有助于提升政府的公信力,还有助于加快政府的体制建设,形成更高效的工作模式。新的时代往往会产生新的要求,生态文明的位置从未被置于今天这样的战略高度,政府部门也要依据实际情况作出进一步的调整,这样才会更加满足当前的社会需要。目前,生态文明发展的步伐不断加快,政府部门也不断努力,其政策、组织机构的设立均在不断调整、完善,获得更高的工作效率。

(二)维护社会环境和谐美丽

大力发展生态文明建设不仅关系到当代民生,也关系到未来的子孙万代。政府及相关部门有义务维护社会环境的和谐美丽。政府的重要职能之一就是维护社会生存环境,公众能够和谐共生。政府应严惩破坏环境的行为,提倡对生态环境有利的事情。首先,只有制定好完善的法律法规,才能做到有法可依,为下一步有法必依,执法必严奠定基础。政府部门应如实调查,了解民众对和谐美丽的生活环境的殷切期盼,积极践行社会主义的核心价值观,为人民群众幸福生活提供生态保

障,维护社会环境的和谐与美丽。

(三)确保经济社会的可持续发展

经济社会要想可持续发展,就必须要确保合理利用自然资源。因此,不能将保护生态环境置于经济发展的对立面,而是应该正确处理经济发展与生态环境保护的关系。政府应积极探索符合中国国情的市场经济管理体制,同时大力发展生态经济建设,形成生态经济的发展模式。另外,政府应学会转变发展理念,深入贯彻新发展理念,保护好环境才能更好地支撑起经济发展。

(四)携手国际社会共同应对全球性生态问题

在经济发展方面,全球化已不足为奇。对于生态问题亦是如此,全球都将走入重视生态文明的时代,而就生态问题的现状而言,每个国家或多或少都受到了生态问题的困扰,因此,每个国家都应该在解决全球化生态问题上担起自己应担的责任,贡献一份自己的力量,勠力同心共同应对并解决全球性的生态问题。在生态危机面前,国与国之间不应是分离的个体,而应该是携起手来的整体,共同处理生态问题。政府部门应当听取民众意见,并给以极大的重视,改善生态环境构建和谐美丽的社会环境,满足公民对较高精神生活的热切期盼。当下,全球性生态问题频发,在生态环境的治理方面,应充分发挥政府的主体作用,大力发展可持续经济。政府兼具能力和责任,在保障本国公民全面发展的基础上,尽最大努力保护好环境,保护好中国的美丽家园。

三、生态文明建设视域下政府责任缺失的现状及其原因

(一)现状介绍

公共行政人员生态意识淡薄是第一方面。其中第一个原因是公共行政人员在社会关系整体中,存在的形式有很多种,从本质上来说这是在积极寻找将自身利益最大化的自然人,与此同时这也是尽可能将责任人的公共利益最大化。而这种情况往往是由于我们的自然利益和自身利益不一致甚至是冲突的时候,将更轻易放弃自然利益。

而另一个原因,在有些地方政府,他们对环境保护的意识更加模糊,同时自然而然他们的生态责任意识同样缺乏,这就会导致公共行政人员根本不在意生态环境方面的问题,也必然会加快对环境的损坏,同时减缓了环境的保护与治理的最好的时机。第二方面则是公共行政人

员没有很强的责任担当意识。换句话来说，相关的工作人员很多时候在一些必要的步骤当中偷工减料，对于自己理应承担的法定义务视而不见。第三方面就是政府生态环保宣传的成果不佳和不明显。事实上，政府对生态保护环保绿色生活等方面的宣传和相关政策落实上面，确实还存在诸多短板。首先从宣传角度来说，他们最为明显的不足是在公民教育及网络相关的内容方面投入不足，相反过于看重一些传统的电视媒介传播，这直接导致了宣传的效果不理想。具体到宣传内容来看依然存在很多不足，他所提到的内容并不能达到要求的完整程度，只是过分地追求节约能源相关的词汇，相对来说这样的宣传内容十分片面，而实际却没有起到实质作用。最终实际的宣传效果很难令人满意，广大群众对绿色生活的理解还有很多不准确的地方，由此可见他们对绿色生活的概念宣传得并不到位。

（二）政府的责任缺失

首先就是政府政绩考核制度的过于片面化。我们可以从考核标准来看，由于原先的考核的标准太单一，从而导致了考核没有一点针对性。而对于干部和公共行政人员的相关考核则是过于侧重经济增长的指标，同时以 GDP 为实际的经济发展为考核标准。这虽可以刺激经济的发展，但同时这种罔顾生态利益的考核方式，会严重使资源更加污染与浪费，同时增大了环境破坏成本的考核也会使非理性的发展理念更加盛行。具体到从考核方向来看，政府在制定相关的考核流向时考虑的不够充分，相关考核的规章制度还停留在传统的老式绩效考核方式，这种方式在实际应用的过程中存在诸多弊端，其中最重要的一点就是缺乏自我考核以及相互考核的过程。如此一来，最终的考核很难达到预期的效果，从而导致考核的说服性变差，以及公民认可程度降低。

第二个方面就是公共行政人员的生态责任感的缺乏。首先，公共行政人员在很多时候没有很强烈的生态责任感，尽管在上岗之前已经经过了多次培训历练，但是相关的老式价值观念依然根深蒂固。毫无疑问，公共行政人员和普通大众一样也是这个社会上存在的一个个体，在很多时候他们的思想观念也很难在一时间被改变，特别是一些消费方面的观念跟不上新时代的发展，总的来说环境保护意识的形成不是一时半会儿的事情，必须从根本的源头上想办法解决问题。第二个非常明显的不足就是现有的公共行政人员绝大多数没有一个非常强烈的职业责任感，这就会造成他们在行政执法的时候出现不公平的情况，一些违法以及违规案件在这样的大背景下时有发生也就不足为奇了。

第三方面就是行政监督的实际效率很低。首先，毫无疑问的是行政监督执行力在很多时候都很难真正按照要求实施。行政监督作为国家的管控行为，是监督行政权力中非常重要的一部分，在督查行政的途中，我们保护人民的合法权益是一种增强政府在人民心目中的形象的一种很好的方法。中国行政监督方面的执行能力非常薄弱，主要就是因为中国原先的机制管理体系的混乱和责任细化混乱等问题造成的。第二点需要特别强调的是社会监督力度方面做得还不够充分。要想把生态监管工作真正落实到位，广大人民群众的集体监督以及相关政策法规的监督需要一起配合好才能完成。在法律以及相关的政策方面对于公民的支持力度还非常有限。同时，因为许多的地方政府的信息不完全公开，使得公民对事件不完全知晓，这也就丧失了监督的权利，与此同时信息公开的形式、内容、流程方面都还存在很多明显的缺陷。

第四方面则是政府责任的追责没有规范制度。其一，权责不明是妨碍政府责任实现形式之一，权责不明最明显的表现特征就是"问而无责"。因为权力是由中央受权再到地方，所以在困难形成的时候，责任划分又是一个令人头疼的问题，各政府内部一般也都会划分为很多不同的部门，他们互相之间的责任关系往往也很难理清；在政府部门内部，一些由集体做的决策也同时不能确定权责关系，所以我们也很难区分责任负责人。其二，制度上缺少程序化、制度化、规范化的完善。

四、生态文明建设视域下政府履行责任的有效措施

（一）将"绿色"考核融入政绩考核制度

首先，我们应该执行以生态保护为方向的绿色政绩体系，想要达到这一目的就一定要有一个相对健全完善的考核制度，考核制定要考虑到基本的公平公正同时，也一定要注意科学性、人性化设置。而在这种情况下 GDP 必然会成为制定考核制度的核心内容。所有相关精细化的环境指标也是相关职能部门人员的考核重点参考依据。其次，一旦出现问题，问责机制必不可少，只有这样才能让责任人的责任意识更为清晰明了，出现任何问题也就不会出现责任划分难的问题。

（二）强化公共行政人员的生态责任意识

首先，增强行政人员之间的道德情感的养成。自律是对人们的高

标准的要求,为了增强公共行政人员的自律性,我们就需要对他们进行道德感情的培养。其次,我们应该完善行政人员行政责任追究的制度,使问责常态化。一个健全完善的行政问责任机制在这种情况下就显得非常重要。其主要的核心作用在于能够更好的对公共行政人员认识自身的责任进行有效监督,各部门各岗位的职能人员都不能玩忽职守,从而在下意识之下为人民服务。其次,完善并统一现有的行政责任,如此一来相关责任人就会感觉到身负重任,有责任有义务完成好自己的本职工作,原有的一部分行政人员滥用职权,懒政怠工的现象得到了很好的改善。监督部门还要具有较高的专业性质和权威性质,以保证监督机构的职能得以充分实施。

(三)完善政府监督机制

完整的政府的监督和监管制度可以促进国家行政机关职能变化,与此同时它也是社会平稳运行的保障。而完善主要从下面几个层次来操作:首先一个相对完善的政府监督机制是建立在拥有一个良好的问责制度基础之上的。由于生态问题一旦发生就不可挽回,即很难恢复原样,所以就需要政府提前制定机制法规,并提前采取预防措施。法律是国之根基,在这个大的前提下,生态问责制度的建设,最终还是靠的还是法律,以法律健全为基本准则就可以建立完整的完善的政府问责机制。同时健全完善体制也可以成为环境执法保护更好的保障。

(四)倡导生态化的科技创新与应用

政府在面对治理生态环境上面,应该以生态化的价值观来创新发展科技和政策。换句话来说,提倡整体性的观念,从而使学科技术远离封闭和部分的视阈界限。因为中国正处于工业化改造和升级进程的时期,部分区域生态系统还没有被破坏。为了防止环境被继续破坏,政府应该大力发展绿色科技,让环保理念深入人心。生态环境保护将从根本上得到更好的践行和维护,很多原来难以控制的污染源可以得到根治,毫无疑问,科技的创新以及能源的再利用相融合这是我们国家的必经之路,可以将生态环境保护做到让人满意。

(五)营造保护生态环境的良好社会氛围

总的来看,在生态环境的保护方面政府往往起到了举足轻重的作用,而要想政府更好有效的进行生态环境保护必定离不开严格的法律法规以及透明的行政监管等制度上,还要一种养成机制,即以政府为主要方向而构建一个拥有良好生态保护意识的社会环境。首先为了更好的绿色生活，我们应该适度消费，不铺张浪费，节约节俭。政府作为特殊的机构管理组织，首先必须确定其管理核心的地位不能动摇，政府在实际运行过程中最为重要的责任就应该是从根本上做到为人民服务，同时引领大众形成更好的养成绿色消费价值观，鼓舞并提倡绿色消费行为。其次，增强绿色企业的发展。确定政府和企业之间的主体地位关系，同时增强与社会的多元协作形式，增大对企业绿色开发政策上的支持和财政上的投资，鼓励企业将生产方式绿色化，增强对企业绿色生产的监管。第三，将生态教育变成人人都要参与的事情。同时把生态理念的教育和校园文化相有机结合，才可以更好的创造出出含有环境保护意识的未来的"美丽中国"的建设者。

第七章

低碳经济与生态文明建设的技术及制度创新

　　当今世界经济快速地发展是建立在对一些能源大量开采使用的基础之上,这其中就包括了天然气、煤炭等等。这些能源的大量消耗本质上来看就是一种"高碳经济"发展模式,直接导致世界范围内的生态环境受到了前所未有的破坏。从最近五十年的发展过程来看,大力发展现代工业已经成为绝大多数国家的发展模式。据相关权威数据统计显示,随着工业化的高速增长,工厂的二氧化碳等诸多化工废气的排放直接导致了全球性气候变暖。种种生态环境的破坏行为正在让我们付出代价,很多污染严重的地区人类的正常生活与发展都受到了很大的威胁,以后这将会成为全球性的问题,因此促进了"低碳经济"的产生。所以说将来低碳经济的大力发展是全球经济的大势所趋,伴随着技术的不断革新,能源的使用率得到了显著的提升,人们对于生态环境的保护更加重视,从而进一步建立了新型经济模式,这将是人类摆脱全球经济危机和"高碳经济",实现人与自然和谐发展的必经之路。因此人类研究低碳经济与生态文明建设的技术及制度改革是必由之路,对全人类以及全世界具有极其重要的实际意义和理论价值。本章首先分析技术创新推动低碳经济发展的机理及实践,紧接着探究低碳技术范式与生态文明构建之间的联系,最后基于低碳经济与生态文明建设的制度保障,提出中国生态文明体系的创新对策。

第一节 技术创新推动低碳经济发展的机理及实践

众所周知,近些年来随着科学技术的不断创新升级,诸多节能减排的高科技技术被广泛应用于生产活动当中,这对于减少温室气体排放方面具有很重要的意义。低碳经济成为当下大家倡导的主流经济模式,低碳经济发展在很多国家都受到了足够的重视,各国纷纷花费巨资对相关的技术进行革新升级。毫无疑问,中国是世界上的生产大国,碳排放总量一直名列前茅,在经济高质量发展的大背景下,我们国家对于低碳经济模式的需求是非常强烈的。在相关的政府工作报告当中更是将相关的节能减排指标作为重点明确任务,要采取一切可行措施来完成节能减排的终极目标。要想完成这一目标在节能减排技术方面的创新是必不可少的一步。本书对相关的低碳技术进行深入研究,低碳技术发展方面也面临着许多限制因素,因此本书为改革发展低碳经济提供了一些建议。

一、低碳技术的层面和类型

技术发展从古至今一直都是推进人类社会进步和快速发展的主要推动力。就生产过程来讲,低碳技术大致可以被分为以下三种:第一种比较常见的能源本身结构层面的相关技术,从本质上来看就是常规能源及新能源的结构占比的多少,这从根源上决定了低碳技术和低碳经济的发展水平,新能源使用占比越高,就对低碳减排的贡献越大;其次是能源使用层面,就是指在常规能源使用时,怎样通过技术改革能够实现完成能源的有效利用,从而降低单位 GDP 产生的碳排放;第三是碳排放的处理层面,就是指能源使用所产生的碳怎样进行捕获和保存,降低碳排放对全球气候变化带来的负面影响。

站在技术角度上面来看,目前的低碳技术大致可以分为以下三类:

无碳技术、减碳技术和去碳技术。首先是无碳技术，主要是只在使用清洁能源方面所涉及的改革，比如风能、太阳能、核能、生物质能等；其次便是减碳技术，顾名思义其实就是在冶金、化工、交通和电力等领域中涉及的节能减排技术；最后就是去碳技术，去碳技术主要就是捕获或者保存碳的技术，具体内容就是将二氧化碳保存在某一合适的结构中，减少它在大气层的逗留时间，这项技术可以说是最难也是最具有实力的一项。现阶段的技术条件下，低碳技术总体上就是清洁能源技术、节能减排技术、和碳捕捉保存技术的构成形式。现如今的技术改革热潮蒸蒸日上，在节能减排方面，提高化石能源的采掘技术，加速高耗能的产业清洁能源化转型升级以及多个领域的节能技术等。低碳技术的创新为我国的经济发展提供源源不断的动力，发展低碳经济，必须牢牢抓住这个关键。

二、技术创新推动低碳经济发展的机理

最早提出创新理论的是彼特，在他的理论当中，它把创新定义为是在建立一种完全新颖的生产函数或者说重新组合原有的生产因素构成一种新的组合，人为技术的创新就是新技术在价值层面的展示。后来，专家 Romero 在假定技术内生的基础上，在生产函数领域引入 R&D 活动 [1]。为了弄清楚内生技术创新和经济增长之间的关系，构建了包括知识推动和知识溢出的经济模型，在此基础上，证明了内生技术创新就是推动经济持续增长的重要动力。与此相反，专家 Valente 却是在假定技术外生的基础上，加上可再生资源等条件建立模型，如果当代社会贴现率小于等于技术增长率和资源再生率，那么任意一种模式报酬不变的技术都可以完成经济可持续增长 [2]。国内学者任力的主张是发展低碳经济的中心和动力是技术改革。建立起一个促进技术发展的鼓励机制是减少碳排放的关键 [3]。著名的能源专家潘家华认为经过多年的实验数据研究得出结论，技术发展作为低碳发展的推动因子，具有双重作用：第

① Romer P. Are non-convexities important for understanding growth[J]. American Economic Review, 1990, 80（2）: 97-103.

② Valente S. Sustainable development, renewable resources and technological progress [J]. Environmental & Resource Economics,2005, 30: 115-125.

③ 任力. 低碳经济与中国经济可持续发展[J]. 社会科学家,2009（2）: 41-42.

一个作用是技术进步能够大大的提升能效,减少能耗,减少碳排放;第二个作用是能源使用效率的提升同时也没有从整体上减少能源消耗,这主要是因为在技术发展中产生了抵消作用[①]。吴辉站在技术经济范式层面上,深刻认识到能源技术发展的低碳化才是低碳经济的重中之重,同时将技术的经济潜力或商业使用价值与生态价值的有机整合[②]。刘亦文等依据全球 5 个发展中国家及 5 个发达国家 1971—2009 年的面板数据,指出组建低碳经济发展与技术发展水平的面板模型,研究指出技术发展在短时间内可以推动低碳经济的发展,而在时间由于技术发展带来生产效率的提高,尤其是重工业发展导致碳排放增多,虽然压制了低碳经济的发展,但这一效果并不明显,整体来看,技术进步还是推动了低碳经济的发展。另外,技术进步在发展中国家的边际碳降低率要多于发达国家,这为发达国家更应该将技术让给发展中国家以推动全球低碳经济发展提供了证明[③]。

本书认为其推动经济增长同时引起了经济结构变化时可以总结为:技术效应和规模效应。所谓技术效应,指的是经过技术创新从而实现低碳技术代替原有技术,达到提高相关能源的使用效率的目的,通过重组相关产品的诸多生产要素,降低生产所需的成本,最终使得产品的质量得到提高,同时满足对样式多样性和高质量产品的市场需求,由此完成经济增长。而规模效应,指的是在技术效应的作用下,一个或几个企业率先开创并落实低碳技术的创新,随之带来的巨额收益、以及诱人的竞争优势,能够吸引另外的企业争相效仿,从而引起了低碳技术的发展。具体来说,相关低碳技术的创新知识越多,进而产生的知识溢出,能够在产业之间形成同样的技术基础,逐渐模糊产业之间对应的生产边界,使得社会上产生新的经济快速增长方式,与之对应的经济组成也会发生相应的变化。在技术效应下获利的第一批企业,为了达到能够在经济结构不断变化的浪潮中,获得新一轮经济发展的优势,而又转身开始投入了新一轮的低碳技术改革,这样多次循环,从而实现了经济的

① 潘家华.低碳发展的社会经济与技术分析 [EB/OL].豆丁网,https://www.docin.com/p-7034588.html.

② 吴辉.低碳经济背景下的新能源技术经济范式研究 [J].四川理工学院学报(社会科学版),2011(3):101-105.

③ 刘亦文,张勇军,胡宗义.技术进步对低碳经济发展影响的国际比较与实证研究 [J].湖湘论坛,2015(6):55-61.

可持续发展。

技术创新对于低碳经济在作用机制有显著的推进作用,主要体现在以下三个方面,包括经济快速增长、节能和环保。具体而言,技术创新上的资金投入能对我国宏观上的经济指标,包括我国的 GDP 指数、以及固定资产投资等数据进行提升。与此同时,当科学技术人员能够把技术创新产生的成果具体应用到机械化大生产中去的时候,这种由创新带来的快速而高效的巨大生产力,不仅可以提升工厂车间的单位生产效率,还能降低对于生态资源的过度消耗,更为可观的是,随之增长的商品产量和更为优秀的产品质量。此外,创新技术还能开发潜在市场可能存在的诸多需求,由需求带来的供给动力,使得经济能够蓬勃向上地快速增长。而在节能减排方面,技术创新的作用也不容小觑,如为达到节能减排目的而诞生的创新"无碳技术",这种创新技术以"无碳"作为核心来进行环保,具体而言,是一种以无碳排放作为中心的清洁能源的创新技术,在具体使用的时候,实施"减碳技术",是指在具体生产过程中,减少生产和使用时的碳排放量。在尾端进行相关控制的"去碳技术",具体是指的是一些固碳技术,如碳捕获和碳保存等,从而通过提高能源效率、减少相关能源损耗以实现节能减排的目的。最后,不容忽视的一环,是以技术创新作为媒介,使得碳处理以及污染治理的各种不同设施得到彻底的更新和完善,从总体上降低其碳含量,与此相关的,还能有效地降低其他有害于人体的污染物的向外扩散。不仅如此,各类污染治理设施的完善可以继续向上发展,继而从培育新品种的植物出发,如培育具有高效率光合作用以及强抗污染能力的植物,使得诸如此类的新品种植物不仅能够对二氧化碳进行很好的吸收,还能处理并消化其他有害于人体的气体,进而从根本上达到环保的目的。

三、我国低碳经济技术创新发展现状及存在问题

纵观我国低碳技术创新历年发展,仍存在不少问题。就目前而言,我国低碳技术的在创新、专利转让及实际应用方面存在不少潜在问题,这些问题很大程度上阻碍了低碳技术的进步及低碳经济持续发展。主要表现在以下几个方面。

(一)低碳技术开发动力不足

一方面,对于企业而言,企业发展的最大目标就是利润追逐,特别

是短期盈利,这影响着企业未来发展的方向及规划。而对于低碳经济来说 作为一种新能源,新技术,它的开发、发展势必要求企业改变传统生产经营模式,在发展前期需大量投入资金、人力,配套的基础设施等资源,这些无形中都会增加企业的负担,严重影响企业盈利能力,这对一个企业的营运资本能力,长期投入水平提出了很大的要求。这与企业的短期盈利目标来说背道而驰,大部分财力不是很雄厚的企业可能会放弃低碳技术的开发。另一方面,就技术本身而言,新技术的开发伴随着高风险,高失败率,这也是阻碍企业进入低碳技术研发行业的主要原因;同时,我国目前的低碳经济发展不充分、产业链条体系不完善,激励机制不明显,知识产权保护重视程度不足等社会因素也增加了低碳技术开发风险成本,使得企业望而却步。

(二)低碳技术开发基础能力薄弱

众所周知,任何一个技术的开发都属于一项系统性的工程,人力、财力、物力三者缺一不可。然后就我国目前发展现状来说,这三方面或多或少都存在着问题,这些问题如果不能够妥善解决,严重制约着我国低碳经济的开发与推广。首先,人才方面,我国低碳经济处于前期发展阶段,而人才的发展积累是需要时间的,短时间内相关人才严重供不应求,特别是领军型人才;同时,我国目前人才培养的重点仍是以传统“高碳技术”为主,加之科技创新的氛围不足,所以目前我国相关人才空缺严重;其次,财力方面,据相关资料统计,全国各行业研发投入共占GDP 比重不足 1.5%,远落后于发达国家,研究所、院校甚至企业的经费限制现象普遍;另外,基础设施方面,低碳技术发展离不开基础设施配合,但是我国研发相关设施建设普遍落后,还在起步阶段,各行业、各单位的信息沟通不及时,信息传播不对称,阻碍了低碳经济的发展。

(三)关键技术领域创新存在障碍

随着近几年我国低碳经济的推行与发展,在部分行业取得了可观的效益。而对比发达国家,我国的低碳核心技术数量少,开发成本风险高,不少关键技术很大程度上依赖于国外先进技术,比如风力设备、太阳光电池设备等核心技术主要来源于国外进口,这严重制约着我国低碳经济的可持续发展。同时,对比发达国家的低碳发展,我国相关发展起步晚,进度慢,设施不到位,资金缺乏,整体水平较西方发达国家还有一些差距。

(四)国际减排资金和技术的支持力度缺乏

在《哥本哈根协议》协议中,明确指出,积极应对全球气候变化是每个国家的共同责任、义务,作为拥有核心技术的发达国家,有责任、有义务协助发展中国家,给予其资金及技术支持。然而,这一协议并未能够得到充分的执行:一方面,这一协议不具备刚性约束力,加之大国政治经济博弈等因素,事实上大部分发达国家的资金还是技术支持是无法有效落实的。发达国家核心技术的持续封锁,同时过高的技术转让费也使得发展中国家低碳经济发展受到巨大的限制。所以,目前我国相关技术总量尚可,但是发明专利占比较低。另一方面,低碳技术的发展应遵循"共同而有区别"原则来说,需要各国的共同协作。但是西方发达国家为了本国的利益,以保护产权为由,设置技术壁垒限制发展中国家低碳技术的进步。

四、技术创新推动低碳经济发展的对策建议

(一)战略上高度重视技术创新,加大 R&D 投入

随着国际形势的发展,当代国家的竞争主要为技术竞争。因此,我国应积极迎接挑战,抓住机遇,将低碳技术创新纳入国家长期战略发展规划中,加大 R&D 投入,促进低碳经济可持续发展。一方面,提高国家自主研发力度。政府采取合理的激励制度,比如财政补贴、税收优惠及绿色信贷等,鼓励企业加大自主研发投入,促进低碳经济发展。另一方面,设立低碳技术专项研发基金,形成中央、地方和企业的三方联动,在关键领域形成自己的核心技术。同时,加大相应的基础设施建设,吸引企业进驻形成工业区,发挥研发集聚效应。另外,知识产权保护对于低碳经济发展至关重要。技术研发的目的是实用,所以开发完成后,技术推广和转化需要政府的保护和支持。政府应制定积极的政策,适当加大政府购买力度,促进成果转化。

(二)提高自主创新能力,自主研发与技术引进相结合

低碳经济发展离不开国家自主创新,我国应采取"引导 + 鼓励"的方式,引领企业在重要领域技术创新研发,企业本身也应积极投入低碳技术研发,努力提高自主创新能力。目前,我国低碳水平处于初级发展阶段,起步晚、基础差、技术弱的特点较为突出,关键的核心技术主要掌握在发达国家的手里。所以我国低碳经济的发展还是需要寻求国际合作,打破技术壁垒,引进国外先进技术。积极参与到国际碳排放市场中,活跃国内碳金融市场等;利用国际公约,督促发达国家履行协助发展义

务;转移国内传统经济行业,追求更低成本的同时拉动其他发展中国家经济,合作共赢。

（三）优化产业结构,促进能源结构低碳化。

传统产业结构,主要特点:高投入、高能耗、高排放、低效益,已不能适应当今社会的可持续发展理念,改变传统产业结构,逐渐淘汰或者转移传统工业,引进新型低碳经济至关重要。我国目前主要的能源为煤炭,未来的一段时间内不会有所改变。所以说,要想促进当前能源结构优化,要从以下两个方面入手。一方面,加大清洁煤炭技术的研发及推广,促进传统能源升级改造;另一方面,引进、促进新能源的开发,比如地热能、风能、太阳能等环保能源。

（四）加快低碳技术人才体系建设,健全低碳经济政策法规体系。

经济的竞争是技术的竞争,也是人才的竞争。技术的创新、推广离不开人才的投入,所以人才战略推广,人才体系建设势在必行。首先,在教育方面,国家应高度重视人才教育,完善、坚持人才培养战略。以科研院、高等院校等教育机构为核心,同时鼓励企业积极参与,培养与引进高科技人才。树立低碳经济价值观,人才观,促进低碳经济发展。其次,在法律层面,完善现有的法律法规,使其有法可依,提供法律保障,促进经济可持续发展。日前,颁布的相关法律只有《可再生能源法》,法律基础薄弱,没有一个配套的、完善的法律体系,这也使得低碳经济发展在法律层面的保护缺失有力的保障。同时,在经济政策方面,采用积极的财政政策,引导和鼓励相结合,比如加大财政补贴、建立低碳研发专项基金等,促进企业转型,加大低碳技术的研发投入;针对传统的产业、能源结构,一方面积极引导传统企业转移,看向国际市场,并积极参与升级改造,参与到可持续发展中;另一方面引进国际低碳行业投入我国市场,同时引导我国低碳企业发展。循序渐进地将低碳产业转变为正规产业,代替原有的高碳产业。

如上所述,在环境日益恶化,全球变暖日益加重的今天,加快低碳经济发展势在必行。对于我国来说,这是巨大的挑战,也是千载难逢的机遇,积极迎接挑战,抓住机遇,有利于促进经济发展更上一层楼。尽管在这条道路上必定有重重的困难和阻碍,人才不足、基础设施建设不完善、企业发展理念仍停留在传统观念中、研发动力不足等等,但是这些都阻碍我们发展低碳经济的理由,在历史的发展中,我们应该顺应历史潮流,树立低碳绿色发展理念,积极参与低碳经济市场,加大低碳技术投入与人才培养,促进核心技术的研发与引进,从而促进低碳经济可持续发展。

第二节　低碳技术范式与生态文明构建

众所周知,历史上三大工业革命实质上都是技术的革命,尤其是第三次工业革命,技术在人类的发展历史上扮演着重要的角色。尤其是20世纪以来,技术对于一个国家的发展至关重要。可以说,当今社会的竞争经济的竞争,也是技术的竞争,人才的竞争。然而,传统工业的发展伴随着环境污染,资源枯竭,生物多样性减少这种不可逆的危害,这最终将危害人类的发展。所以,环境压力增大,社会矛盾逐渐尖锐的今天,缓和人与自然的矛盾,促进可持续发展是必经之路。发展"绿色"经济,构建生态文明社会,都需要低碳技术的发展,产业结构转型。

一、现代技术范式的低碳化转型

19世纪中期,美国有一位著名学者名叫托马斯库恩在《科学革命的结构》,提出了"范式理论",首次针对"范式"做了具体的定义,在托马斯库恩的"范式理论"中,科学的发展和进步伴随新事物,新现象,新矛盾,而传统已有的部分理论不能适用、解释这些新事物、新现象,无法解决这些随之产生的新矛盾。为了解决、适合这一新现象,必定需要新的模式,即范式的转变 ①。

1982年,意大利技术创新经济学家多西肯定了"范式理论"的意义,并在此基础上,提出了"技术范式"理论。什么是技术范式? 通俗的理解就是指解决某个技术问题的对应的"模式"。在技术"范式理论"中,立足点是自然科学理论,并创造性的将技术范式和技术经济功能结

---

① 库恩．科学革命的结构 [M]．北京：北京大学出版社,2003.

合起来,肯定了技术范式对产业经济的重大影响。"技术范式"可以说是针对特定经济问题,设定相应的技术创新系统及模式,也可以理解为一种以组织化技术为主题的社会发展模式。从微观上看,它是一种"模式",针对某个问题而提出的;宏观层面,技术范式可理解为解决某类技术问题的一种通行模式"[①]。随着社会不断发展,社会情况的不断改变,"技术范式"也会做出相应的调整。不同的时期,不同的情况下采取不同的技术范式。这是多西"技术范式"理论的核心之一。

"低碳经济"这一词语,最早出现在英国白皮书《我们能源的未来:创建低碳经济》中。众所周知,英国从地理位置上看就是一个岛国,面积有限、资源单一、能源缺乏,而作为第一次工业文明的先驱者,工业发展充分,伴随而来的是资源枯竭,环境污染严重,曾经有名的"雾都"伦敦,因为环境的不断恶化使得英国在面临着能源枯竭、气候变化的威胁的时候不得不做出改变。所以,在倡导、鼓励可持续发展的今天,"绿色""可持续"成为社会经济战略的核心思想。低碳经济应运而生,顺应了历史潮流,促进经济可持续发展。所谓的低碳经济,涵括了经济、政治、文化等多个方面,以控制、稀释温室气体排放为目标,构建一个低能耗、低污染、可持续的经济发展体系。首先,低碳能源抛弃传统的高排放、高污染、不可再生的传统能源,选择低排放、低污染的新生能源,控制二氧化碳排放量的同时,缓解资源紧张矛盾。

低碳技术主要针对传统燃料煤炭来说的清洁煤技术(IGCC);二氧化碳捕捉、储存技术(CCS)等。低碳经济区别于传统经济,是历史潮流发展下是一种新兴的经济模式,以技术创新为核心,促进社会经济发展、转变。其中,最重要的"技术范式"就是碳中和技术的推广应用。顾名思义,碳是二氧化碳,碳中和依靠后期植树、技术捕捉及埋存的来稀释、减少空气中二氧化碳的含量,它的前提是能够有效的计量排放到空气中的二氧化碳的总量。这一术语早年是伦敦未来森林公司提出的,并随着社会发展不断的丰富。目前,碳中和技术主要包括三大类:温室气体捕集技术、埋存技术和低碳或零碳新能源技术。因此,低碳经济的发展是技术的改革,依托的是新一轮的工业革命,涉及的范围包含了技术开发、产业结构、基础设施、制度法律等各个方面,它涉及社会各个方面,属于一个系统性的发展体系。所以,要实现低碳经济发展,就必须

以技术为依托,壮大科研人员队伍,鼓励企业参与到技术研发中;完善相关设施设备,形成工业区、产业园,发挥聚集效应。通过内在的技术范式演进推动的经济增长方式转变。

任何一个事物是发展都要遵循一定生命周期,即诞生、成长、成熟到衰退这四个过程,当然"技术范式"的发展也不例外。不同的时期采取的技术范式也不尽相同,外在发展因素的是不断发展变化的,如果继续采取既有的过去的技术范式,势必会随着现实的发展产生不相适应的矛盾,这种情况下的技术范式不仅不能推动经济的发展,甚至还会阻碍经济进步。纵观过去发展历程,经济增长与环境保护之间的矛盾日益突出,这意味着传统模式下的经济增长技术范式已经到达了发展极限,走向了衰退期。在这种情况下,社会急需一场新的技术范式革命来顺应经济发展需求,由此低碳经济应运而生。低碳经济的出现本质上来说就是传统经济模式的衰退和新的技术范式的产生。

二、现代技术低碳化转型的必然性

自 20 世纪以来,尤其是第三次社会革命之后,技术的变革带来了社会财富、社会格局的大变化,人们越来越意识到科学、技术的重要性,加大了对生态的开采、利用力度和速度。这一变化在推动社会发展的同时,也带了新的矛盾,新的问题。人口出生率提高,地球人口过剩;大量的二氧化碳排放,全球气候变暖;过度的资源开采利用,资源面临枯竭;污水排放,树木砍伐等行为造成环境污染、生物多样性锐减等问题,这些无不给人类的生存发展带来威胁甚至是毁灭性的打击。传统的技术的改革带来的社会的发展往往伴随着资源破坏、生态污染等问题,这也不得不让我们重新审视人、自然、社会的关系,为了社会发展,现代技术低碳化转型迫在眉睫。

首先,现代技术低碳化转型是构建生态文明的基础。构建生态文明、绿色环保发展的经济模式,是人类发展过程中对人与自然关系处理的一种新的探索,也符合人类发展目标。什么是生态文明经济?生态文明本质是一种形态,一种人与自然和谐相处的形态。掌握自然规律的基础上,尊重自然规律,维护自然为前提,以人与自然、人与人、人与社会和谐共生为宗旨,通过充分利用有限的资源环境,改变和优化传统产业结构、生产方式和消费理念,树立可持续发展理念,促进人、自然与社会和谐发展的一种社会文明。在生态文明下,追求的可持续,和谐的发展理念,人与自然和谐共处,相互依存,相互发展。任何事物的起源和发展都需要一定的时间,生态文明的建设也不例外,可以预知技术范式的转变将会是一个漫长的而艰巨的过程,不是一时间就能够达到的,在未来很长一段时间,生态文明,技术范式转型将成为人类社会的主旋律。

其次,要实现经济可持续发展,就必须促进技术的低碳化转型。传统粗放经济发展模式下,煤炭、石油为工业主要燃料,这些都是化石原料,一次性、不可再生的能源,这种能源排放燃烧不充分,二氧化碳排放量高,经济虽然获得了发展,但是环境污染严重,资源开采过度,导致生物平衡遭到破坏,气候变暖冰川融化等问题都威胁着人类长期发展。为了缓和这一矛盾,可持续发展势在必行。在可持续发展定义下,需坚持科学发展观,要具有长远发展眼光。制定长期发展战略,在满足当下发展的需求下,不能忘记后代人发展的需求。所以说要改变以往粗放的经济模式,进一步优化升级产业结构,大力发展低碳经济。

同时,生态文明的发展、流行为技术转型提供了方向。传统的工业文明中,石油、煤炭等资源为主要原料,这些资源的共同特征就是不可再生性,资源使用期限具有有限性。伴随着经济的发展,资源枯竭越来越严重,势必会影响经济的发展;以煤炭、化石为主的这些化石能源燃烧不充分不说,燃烧过程中还会排出大量的二氧化碳、灰尘,燃烧后还会有大量的残渣,垃圾,对社会造成了极大的危害。而生态文明属于现代社会探索下催生的一种新兴文明,它抛弃了传统过度开采、消耗一次性资源换取经济快速发展模式,转而寻求的绿色、可再生能源,走可持续发展之路。生态文明不仅缓解了传统工业文明中人与自然的尖锐矛盾,为未来建设循环经济的社会和资源节约、环境友好的社会指明了方向。它贯穿于经济、政治、文化、社会等方面,是一项整体性、系统性的发展模式。低碳技术作为生态文明催生下的产物,是实现生态文明社会的关键技术手段,核心技术手段。耕种、饲养等技术的发明带来了农业文明社会,蒸汽机的发明带来了工业文明,纵观人类发展的社会,每一次社会变革都伴随着技术变革,可以说技术变革是社会变革的核心手段。生态文明建设思想在各种逐渐发展,俨然已经成为社会发展主流,伴随着生态文明理论的兴起,作为建设生态文明社会的核心,社会上掀起了技术改革的浪潮,在这一浪潮下越来越多的企业投入到技术研发队伍中,比如风能、太阳能技术达到开发利用。

最后,从根本上解决能源短缺问题,就必须加大技术范式的低碳化投入力度。当今世界,人口快速增长,生态不断恶化、资源逐渐枯竭等问题,这些矛盾日益尖锐不断加深,不仅阻碍了经济的快速发展,甚至已经威胁到了人类未来的生存和发展,这些问题亟待解决。缓和资源紧张问题,解决资源分配不均,改善生态环境,维持生物多样性等,在这种问题面前,生态文明、可持续发展理论被提出并得到了各个国家的高度认可,它为经济发展模式转型、人类的持续发展指明了战略方向,它要求人类社会的发展必须寻求于环境和谐发展,相互依存、相互促进,取得共赢。区别于传统工业下以过度牺牲环境为代价,片面的追求经济增长理论,生态文明的核心是绿色,是可持续。而随着技术不断进步,人们也认识到了寻求可再生资源、绿色能源取代传统不可再生的化石能源的重要性。比如风能、潮汐能、太阳能等这些可以称得上是低排放、低污染,又称为"绿色能源"。那么,作为生态的文明建设的核心关键技术范式,开发"绿色能源",实现生产的低碳化都需要技术范式转型和支持。通过技术范式的转型、创新,实现技术低碳化,是人类社会缓解过去环境牺牲型发展所带来人与自然的矛盾的重要手段。所以说,实现技术低碳化,不仅是实现新兴社会理论的核心手段,还是一种社会变革手段,是解决社会矛盾,促进社会发展的重要手段。

三、中国应对技术范式低碳化转型的对策

在全球气候变暖的背景下,以低排放、低能耗、低污染为基础的"低碳经济"已成为全球热点。低碳化经济发展不仅仅是文明社会发展的理想境界,也是人类实现可持续发展的现实目标。转变传统工业生产模式,摒弃传统高耗能、低效益、高排放、高污染的化石资源消耗性一次性生产模式,构建以遵循自然发展规律为基础,以可持续理念为核心,人与自然和谐,达到共赢的能源节约型,环境保护,经济可持续的生态文明社会。这是时代发展的必然趋势,也是寻求未来人与自然和谐相处的灵魂所在。

目前,我国正处在转型期的发展期,低碳经济发展相对于发达国家起点低、起步晚,发展慢,这也是不争的事实。在生态文明理论盛行的今天,我们应该抓住此次机遇,主动迎接挑战,以生态文明武装思想,用

长远的目光看待,制定长期发展战略,谋求、制定出一条符合我国国情的低碳经济发展道路。

　　第一,低碳经济的发展的首要任务就是转变传统发展观念。当今社会,低碳经济、低碳城市、低碳技术俨然已经逐渐取代传统发展观念,并成为一种世界化的潮流。作为一种新生的发展理念,低碳经济的发展首要任务就是改变人们传统发展理念,让人们接受、了解低碳化,只有大众接受了这一理念,才能够促进该经济模式的发展。所以,要想发展低碳经济,就必须加大相关知识普及,可以通过纳入科学研究院、大学等社会机构的教学课程,培养相关人才;也可以成立专门机构指导相关企业"低碳经济",促进企业转变观念,鼓励社会学习、研究低碳经济理论并实际应用到社会中,树立生态文明、生态平衡、热爱自然观念,遵循事物发展客观规律,尊重规律,合理利用规律,寻求人与人、人与自然、自然与社会和谐相处,共同进步,践行可持续发展的价值观。

　　第二,低碳经济的发展需要技术创新,促进经济模式转变。作为发展中国家,我国目前主要的经济模式仍然是传统的工业发展模式,社会和环境问题日益突出。改变这种牺牲环境换取短期发展的经济模式,是社会发展的趋势,也是社会的心声。所以,我国需要将低碳经济、低碳技术纳入生产规划中,坚持新型工业化道路,经济发展以科技创新为支点,利用低碳技术的效益,带动工业化在可持续观念中快速发展;鼓励企业加大低碳技术研发投入,引导传统工业企业快速转型,提高资源利用效率;打破技术壁垒,引进国外先进技术,跻身国际低碳经济市场中。

　　第三,低碳经济的发展需立足于本国国情,采取适合的低碳化发展战略。低碳经济的发展虽然是社会发展的潮流,但是这条道路是漫长艰巨的,不可能一步到位;不同的国家面对的实际情况也不同,因此在发展低碳经济的道路上,探索、制定应该以本国的国情为立足点,适合自己的才是最好的道路。坚持自主创新和国外引进为核心,拒绝照搬照抄,在核心能源领域积极开发属于自己的核心技术产权,建立长期发展战略,促进低碳经济发展。

　　第四,低碳经济的发展应该坚持以政府主导、完善法律制度,促进企业、社会的政策。低碳化的发展,它不是靠某一方单方面的努力就能完成的,低碳化经济是社会性的一种发展经济,它需要政府的支持和引导,让企业、社会组织、个人等共同参与其中,都成为这一场革命的责任人、参与者、见证者、获利者。因此,低碳经济的推广、发展,政府方面需要加大对社会的引导,采取积极的政策,鼓励企业、个人观念转变,同时完善法律体系,为低碳经济保驾护航;作为企业,应看清社会发展趋势,加大企业研发投入,促进企业生产模式转变;作为个人,应积极响应国家号召,积极学习低碳经济理论,参与到社会经济的发展中。

第五,营造低碳生活氛围,从现在开始,从你我做起。低碳经济已成为未来社会发展的主题曲,低碳化的发展速度取决于政府的科学规划,也取决于社会公众的态度。营造低碳生活,提倡节约,保护环境,人人有责,树立生态文明,可持续发展的社会价值观,低碳经济,从小处做起,从你我做起。

第三节 低碳经济发展与生态文明建设的制度保障

生产文明建设是中国可持续发展战略里重要的一环,也是基于长期发展战略下的必然选择,其内在表现出来的特点主要以"科学发展观"与"五位一体"为主,也就是基于经济、文明、政治、社会等于一体的全方位建设模型。要想实现生态文明,制度的完善与升级一定是不可缺少的,它为生态文明建设提供了重要的执行依据。发展低碳经济不仅是中国经济可持续发展的必然要求,也是中国参与世界竞争的重要途径。发展低碳经济不仅可以满足经济可持续发展的要求,而且也能增强我国的核心竞争力,帮助我国更好的在国际关系中发挥大国的作用。从这几点出发,低碳经济势必是要得到大力支持的。要想发展低碳经济,制度的保障是不能缺少的一部分。就国内而言,可以为低碳经济发展助力的主要有四个方面,包括行政、经济、法律和社会参与。

一、低碳经济与生态文明建设的制度要求

作为世界人口第一的国家,中国在很多方面都存在着矛盾,例如人

口与资源、环境与发展、能源与开发等，这些两难的选择左右着社会前进的每一个步伐。为了能选择正确的发展道路，我们借鉴了历史中中国转型的一些经验教训，政府开始大力进行制度改革，将生态文明建设理念与中国国情相结合，更加符合国家的长远利益。

但是中国的国情也决定了生态文明体系的建设不能走极端。环境一旦被破坏是不可逆的事情，为了保护生态和约束经济发展，应该采用生态友好的方法、技术和发展模式，实现更快更好的经济发展。只有"保护与发展"齐头并进才能体现"以人为本、全面、和谐、可持续"的科学发展观在生态治理中的指导作用。中国应该避免重复过去的恶性工业化道路，吸取那一时期的经验教训，不要抱着"先污染、后治理"的侥幸心理，应该充分发挥我们的优势，努力建设资源节约型、环境友好型社会，为社会未来的发展赢得一片生机。制定满足低碳经济与生态文明建设制度的主要原因有以下几点。

制度是文化得以延续、文明得以发展的保障，制度建设能为生态建设搭建起一道非常安全的"墙"。制度保护文明，文明也可以为制度添加更多人性化的地方，可以有效的凝结智慧的结晶，对社会实践也非常有帮助。制度进步和科学设置代表文明进步，是社会发展的基础。生态文明体系是生态文明建设的基本保证，为生态文明建设提供监督、协调、鼓励和约束，是全面建设小康社会的根本和战略前提。生态文明中有许多地方都值得我们不断的学习，甚至可以将其引入到制度的建设当中，有助于和谐社会的发展。党在十八大会议上也提出了对生态文明建设的一些要求，这些都体现了中国共产党对于生态问题的重视与对时代发展命题的深刻思考。

第二，制度建设有助于深化对生态文明建设的理解，为中国整体生态发展指明方向。国内的学术界中有一些观点认为，生态文明不仅应该包括意识、产业、行为上的文明，更应该包括制度上的文明，这四个文明组合在一起构成了完整的生态文明圈。生态系统是构建生态文明最直接的载体，对生态文明建设来说具有非常重要的作用[1]。目前生态系统的主要矛盾来自社会发展与环境资源之间的取舍。由于国内生态环境遭破坏程度严重，已经不再单单是某个区域的生态问题，而是成为一个影响到整个国家的政治问题。我们日常生活中能经常面临，土地开

---

[1]　姬振海．积极推进生态文明建设 [J]．环境保护，2007（11）：61-63．

发与城市化饱和之间的矛盾,城市人口数量激增与垃圾处理不当之间的矛盾、工业的发展与污水废料对环境的污染矛盾、经济发展迅速导致车辆数量增长与尾气排放破坏大气环境之间的矛盾等。没有制度保障就不能很好地解决现有的环保问题,这不仅会影响经济发展,还会造成一定程度的社会危机。

第三,制度建设可以帮助生态文明伦理观念的宣传,让生态文明观念不仅仅浮于表面,真正的成为人们约束自己的道德要求。制度建设为中国生态文明体系的各行业、各地区、组织、各阶层的个人确立了行为标准、实践准则和奖惩标准,让生态系统的形成也能遵循"有法可依"的原则。这样一来,制度从被迫执行到自觉执行,成为伦理观念后的生态文明保护观念会成为社会的共识,在大家一起努力之下,最终会形成潜移默化的习惯。生态文明体系建设是制定目标体系、审查方法、奖惩机制等。符合生态文明的要求。此外,系统建设还包括各实施系统之间的相互合作、综合协调和校正协调。这样形成系统,可以克服生态文明建设的混乱,实现激励和制约的协同效应。

二、低碳经济与生态文明建设的制度保障

既想将生态优化发展到新阶段,又想要国民经济持续增长,这就需要政治的支持、社会进步的努力,就必须改变以资源换发展的经济发展状态,降低资源成本。社会在这种良性生态发展下向前进步,污染能够实现环境改善、优化目前存在的生态污染问题。中国在积极进行产业升级,从农业占经济主导到工业兴国的过程中,大力发展经济,实现了国家整体实力的快速提升。但同时也产生了一种倾向,那就是一味重视经济的发展,不关注自然与人文社会之间是否是和谐发展,导致出现了一系列的环境问题。制度建设的现状和生态文明的要求之间存在很大差异,大致可以归纳为以下制度问题。

第一,生态政治意识和生态伦理意识低下,反映了生态系统建设的紧迫性和观念的滞后性之间的矛盾。单凭制度规范是不够的。生态系统文明必须满足三个条件。第一,建立了生态文明推进体系,这些制度规范比较完善。第二,相关生态和环境保护法律要严格遵守,主要反映人们熟悉生态和环境保护系统,积极实施这些系统规范,积极应对生态和环境保护违规行为,群众环境道德水平高。第三,生态环境保护和建

设取得显著成就^①。中国面临着资源短缺、环境污染严重、生态系统退化、环境容量有限和脆弱生态的严峻形势。很多政府官员只想着发展GDP，不考虑生态文明良性循环发展，生态文明建设就目前而言依然没有进入到政治行列中。假使我们继续允许这种状态存在，那么生态文明的建设终将会成为一句无用的空话。

第二，生态文明相关的法律法规的缺失，反映了目前经济依赖资源消耗与生态需要循环发展之间的矛盾。环境问题的出现是多年积累的结果。环境污染引起的健康损害事件越来越常见，环境问题越来越突出。不可否认，在这种背景之下，环境制度建设越来越完善，比如说1978年环境保护也被写进了《宪法》，这象征着我国保护环境的法条逐步往框架性、规章性发展。先后颁布了20多部环境资源法和100多条环境资源法规。但是目前的环境保护法规大部分是建立在"计划商品经济"的转换背景下的。重经济，忽视环境保护和生态建设再开发的格局没有根本改变，整体环境恶化和资源过度开发趋势也没有根本改变。

第三，生态文明建设的制度运行和政策没有得到充分实施。有法律依据或有根据的是严格执法和纠正违法行为的连续体系。甚至科学设计的制度规范的实施也取决于正确的操作和实施。政策运行执行的主要问题是：第一，地方利益和部门利益严重，地方环境法规的可操作性有待提高，中央主导制度创新，地方根据地区具体情况创新的格局有待改善。生态建设仍然以行政和计划手段为主，中央命令和补贴的实施模式不能完全保证实施效果。其次，生态文明建设的最高层法律法规具有以宏观调控工具代替刚性约束规则突出的原则特征，但在实施中自由裁量权空间过大，约束的灵活性太强，不利于认真实施，政策实施的任意性甚至违法性也很普遍。对于不遵守规矩的企业虽然有处罚的行为，但处罚的力度对违法企业来说不痛不痒，这才助长了企业继续违反环境保护法律的行为。按需实施和均衡实施限制了法律实施，减少了制度实施的强制力和约束力。四是生态系统相关法令基本上不包含运营细节，具体化为细节、规定、政策的形式，具有临时性、可变性、不连续性等特点，降低法令的权威性和实际执行效果，降低企业和投资者的长期期望，提高投机偏好的概率。

第四，要从实施层面上完善生态系统的建设。制度建设不仅有设

---

① 姬振海．生态文明［M］.北京：人民出版社,2007：182-183

置的背景、具体的制度内容,同样也要有用于实施的一套流程。光有制度没有实施无疑是没有子弹的枪,毫无作用。那么实施过程中有哪些问题呢？这一部分我们可以在第一章中看到。中国在改革的进行中一直以稳中求进为主,在生态文明的建设中也是非常注意进行的把握,地方政府积极与中央政府的政策相配合。只有政府积极发挥自己的行动中作用,那么生态文明建设一定能获得巨大的动力。除此之外,地方政府的态度对于生态制度的创新与生态系统的搭建也起着决定性作用,在很多地方有官员将"GDP"作为体现自己业绩的主要目标,因此抓住了当地生态资源丰富的情况,单一考虑地方发展目标,最后 GDP 是发展起来了,但随之而来的资源浪费、资源破坏、自然环境恶劣等情况确是他们无法承担的。有些地方提出了低碳经济发展良性化的口号。虽然有计划和指标,但没有目标责任制审查、奖惩、监督、问责制、公众参与机制等可操作性制度。官员晋升的"冠军"在一定程度上也是"生态破坏冠军"。GDP 越高,经济增长越快,生态破坏越大,政治成果越高,晋升越快。第三,主要是资金预算的问题,算然经济发展快速,但环境治理的速度明显跟不上应有的速度。这种情况下地方政府仍然在环境资金预算方面百般克扣,不合理利用已有资金,使得环境治理效率严重被影响。第四,生态环境恶化对后代有害,透支他们的资源、福利、幸福,对话语权不足的孩子来说是"天生的痛苦",生态文明建设世代受益。这种代际补偿是现代人道德伦理上的克制和承诺,道德伦理的控制不能只靠人的"良心",而更应该考虑用客观的评判标准,例如法律法规来规范道德行为。

三、中国生态文明体系的创新对策

(一)加快经济发展,为生态文明体系创新奠定物质基础

第一,不仅要关注经济的发展,更要以经济为基础,支持生态文明体系的建设。只有经济发展才能促进社会不断前进,生态文明体系可以拥有创新所需的物质基础,经济发展可以成为水的源泉,为生态文明体系的创新提供无尽的经济动力。所以说,我们要借助如今快速发展的经济态势,为生态文明制度的建设创造资金的基础。第二,转变目前单一的经济发展模式,往生态合理化经济转化,综合一体建设环境保护型社会。实施绿色创新主导开发战略。绿色创新发展战略是改变经济

发展方式的主要战略。中国应着力推进市场化技术创新,进一步加强以绿色创新为中心的教育,帮助经济结构往环境保护型方向发展。在新的经济范式下深化改革,为生态文明制度创新提供改革支持。

(二)深化生态文明体系改革,为生态文明体系创新提供制度保障

一是帮助企业转型升级,让该主体成为生态文明建设的主力军之一。要增强企业的社会责任感,使得企业自主提高节能减排的能力,将供应链往绿色环保方向转变,提升公司环保技术能力的提高。二是市场制度的优化,要改变目前环保型产业在市场上的弱势地位,为生态文明建设搭建一片适合发展的沃土,借助市场发展的自然规律,强化环境资源配置。三是对控制体系的升级,想要建立一个完善的生态文明制度,宏观保障绝对少不了。政府要明白自己的政策与控制对于市场的影响有多大,要懂得借助宏观发展途径与微观创新方式结合,形成一套属于生态文明的绩效评价体系。除此之外,强化基础性制度建设也是一个需要关注的地方。基础性制度是社会提供或政府提供的产权制度、价格制度等。要想在基础制度建设方面下功夫,可以从激励政策入手,借助目前的政策体系,全力推进产权的升级改革,从而从污染源着眼控制,明确环境保护的责任归属与职责划分,杜绝推诿不作为的行为再继续拖慢生态文明建设的进程。

(三)加快政府职能转变,为生态文明制度创新提供政府保障

要使政府明确自身职能,为生态文明社会建设提供政策辅助与政府支持。政府明白自己是做什么的,是对于实现社会主义现代化的目标来说非常重要的一个问题,也是为生态文明建设添砖加瓦的保障。要使政府摆正自己的角色,不要只做管理者,也要做有助于社会长期发展的服务者,真正实现自己的职能。要根据地区的差异制定出符合当地发展情况的政策,对于经济不富裕的地区,要重视经济的发展,也要注意自然资源的利用,寻求自然与人文社会的平衡点。此外,政府职能转变模式要适应生态文明建设和生态文明制度创新的客观需求。政府对生态文明建设的宏观控制可以通过区间控制、方向控制、相机调控进行。政府也是一种人为的调节。要使政府满足生态文明发展的要求,建立一支高素质的执行队伍非常重要。最后,则是强调建立起健全的环保监控体系。无论是经济发展还是政府政策的执行,没有一个监控措施或监管体系,那么就像是捂着眼睛向前行走,一定会走一些弯路,所以宁愿要有规划的正确前进,也不要歪歪扭扭的"迅速发展"。监控

体系的建立同样也需要法律法规的支撑,政府的一切行为都应该以"依法治国、依法行政"为前提。在监管的过程中也要发挥群众的力量,要增加监管行为的透明度,使监管行为本身也成为"被监管"的行为,这样一来,每一步都是在社会的认同下进行。这样一来,不仅有助于避免出现明显的失误,也能推动群众主动接受出台的相关政策,使他们以"主人翁"的身份来参与并推动上台文明建设制度的发展。当然,要革新低碳行政体制。完善和创新政府强制性节能减排措施,将能源消费标准作为项目批准及文件的义务门槛,抑制高耗能产业过度增长。

(四)加强生态文化建设,为生态文明制度创新提供行动指导

加大生态建设的力度,为制度创新创造一个清晰的环境,使得生态文化建设和生态文明建设都有迹可循。因此,要加强生态文化建设,首先要提高政府的生态文明理念,提高企业的生态文明理念,加强群众的生态文明理念。为了改变过去政府只以行政手段建设生态文明,综合利用经济技术创新,树立了满足当前生态文明建设需要,体现生态文明意识的科学执政理念。中央政府要在整合各地区具体生态保护规划的基础上,综合考虑国际环境形势,制定全球性、前瞻性、指导性的科学规划,利用指导中国生态文明建设的实践。政府应该通过大力宣传生态文明知识、普及生态文化教育,营造和形成良好的生态文化氛围,来唤醒和持续提高全民的生态文明意识。另外,要加强企业的环保理念,首先要使得公司接受绿色经济发展模式,让管理者主动有参与生态文明建设的意识,创造绿色企业文化,让全体员工也加入这个事业当中,从而形成适合企业发展的绿色经济发展模式。大众是疯狂会议上最广泛的生产者和消费者,他们的行为对环境有直接的影响和作用。大众的环境保护观念越强,利用法律武器保护自身环境权益的可能性就越大,也对生态建设有着独特的作用。想要创建一个低碳社会,可以从几个角度去进行:第一,充分理解低碳经济对于社会长期发展的作用与科学的理念。第二,培养人们的低碳意识,革新低碳消费文化。第三,明确政府在低碳教育中的主要责任。要建立起有效的奖励与惩罚制度,也要配备相应的优惠政策以促进经济发展。首先,制定并实施低碳产品的优惠购买政策。其次,完善低碳技术创新的激励政策。第三,鼓励和限制企业积极投资低碳经济,参与清洁能源发展。最后,要加强监督检查的全过程,完善准入制度,坚决打击淘汰落后企业和技术。

（五）推动生态文明建设理念成为主流思想

要想建设好生态文明,光政府推动能力是非常有限的。现如今媒体渠道很多,社交形式多样。如果能够通过新式的传播方法向大众扩散生态文明建设的理念,使大众都能拥有一定的生态文明建设观念,这样一来,政府推行环保措施所遇到的阻力将会大大减少,企业的污染环境行为将会收到社会的抵制与监控,从而推动企业向环保型企业转型升级。这样一来,社会各阶层的资源都能被合理应用,政府的工作更好开展,生态文明体系的建设也由被动向主动发展。一旦生态文明建设的主动权被我们抓在手里,那么由量变到质变只是时间的问题。但是目前存在的问题是,想要立刻将生态文明建设理念变成主流思想肯定是不太实际的,为了达到这个目标仍然有一段路要走,这其中都缺少不了政府、社会、制度和个人共同的努力,相信这一天很快就会到来。

第八章

中国低碳经济与生态文明建设：反思与前瞻

在进行生态文明建设的过程中，出现各种问题和矛盾是不可避免的，主要矛盾体现在经济与环境利益之间。生态文明建设是一项长期工作，早在上世纪中期，中国与西方国家进行了研究探索，所获取的成果具有较高价值。但是由于各主客观因素的制约，生态文明建设的主要矛盾并未引起足够的重视，无法解决所遇到的困难，生态文明难以摆脱实际困境。进入 21 世纪以来，世界局势发生了诸多变化。当前，实施"绿色新政"、推进绿色发展成为世界经济发展的主流趋势。2020—2035 年开启了我国由全面建成小康社会向基本实现美丽中国目标和经济由中高速增长转向高质量发展的特殊阶段。本章重在低碳经济的全球博弈和中国面临的机遇及挑战，并提出生态文明建设的主要矛盾及新时代中国的解决方案。

第一节 低碳经济的全球博弈和中国面临的机遇及挑战

气候变化及由此而引发的低碳增长问题已经引起全世界的关注，成为亟待解决的全球性问题。我国积极提倡发展低碳经济，然而，实现此目标的过程是艰难和漫长的，主要矛盾体现在公平目标与环境目标两个方面。追溯产生矛盾的根源，关键环节在于责任分担，这是因为实施责任分担虽然具有良好的效果，但是由于采取的措施在减缓气候变化的同时会对经济产生负面影响，所付出的成本是巨大的。之所以发展低碳经济受到制约，发展态势不理想，主要是因为降低温室气体收益与成本并不一致。从高碳增长转变为低碳增长，在世界范围内形成合作，解决此问题的难度较大。每个国家和地区都有自身的局限，经济发展水平和技术层次各不相同，这对低碳经济发展起到制约作用。对低碳经济发展具有制约力的因素有多种，其中经济、社会、技术和制度影响尤为明显，从国别和地区内部层面差异性的层面探讨，这种制约作用更加突出。处于发展中的国家正致力于经济的发展，虽然发达国家会从资金和技术上予以支持，在一定程度上能缩小国家间的差距。然而，低碳经济具有自身的特殊性，其性质属于内源型经济，由于不同的国家经济社会发展所处阶段不同，且其他国家能够给予的援助是有限的，导致在低碳经济发展过程中产生较大的起点落差。当前，发展中国家以工业化作为经济增长的重点，与发展低碳减排经济产生冲突。从制约因素和受影响程度两方面来探讨，发展中国家与发达国家的情况是截然不同的。由此可知在发展低碳减排经济的过程中，发展中国家和发达国家的国情不同，也就决定了发展中国家的低碳减排轨迹和目标不可能与发达国家完全相同。低碳经济是一项全球性规划，是一场不见硝烟的战争，这对处于发展经济关键时期的中国来说是千载难逢的契机，同时也是巨大的挑战。

一、低碳经济的全球博弈

（一）环境与公平的矛盾是低碳经济发展面临的主要矛盾

一般而言，关于低碳经济和经济增长的关系的大致可分为三种：其一是二氧化碳低排放增速低于国家 GDP 的增速；其二是零排放；其三是二氧化碳排放量的绝对减少。通常来看，发达国家的碳排放目标是绝对低碳，发展中国家则以相对低碳作为目标。以经济层面为切入点进行探讨，可以确定经济增长与低碳经济之间的关系是密切的，矛盾性和一致性同时存在。如果在经济产出不减少的前提条件下，能够实现降低全球温室气体排放目标，改变能源消费结构是唯一的选择，或者是提高能源的使用效率，其中，最根本和最经济的做法是提高能源的使用效率。

学界对经济发展水平和碳排放量进行了大量的研究，普遍认为经济发展和温室气体浓度对人类发展产生双重约束。但是约束力的强度各不相同，受所处历史时期和发展水平的影响而发生变化。高碳增长转换为低碳增长是否能实现，经济发展水平起到决定性作用。在发展低碳经济过程中会涌现很多矛盾，主要矛盾体现在公平目标和环境目标两个方面。国际气候变化谈判处于这种矛盾的影响之下难以达到一致。随着社会的进步与发展，低碳经济受重视的程度越来越高，逐渐成为世界各国的发展共识。然而，由于人均排放量的不断增长，只有少部分温室气体能够被海洋生物圈吸取，大气中温室气体的含量居高不下，气候也因此发生改变，各种极端气候出现的频率不断增加，发展低碳经济已刻不容缓。持此观点者认为，气候与每个人休戚相关，全世界都要参与到低碳减排行动中来，为了把绝对减排目标确定下来，各国要通过谈判来协商，使这一全球性问题得以解决。但是有反对意见则认为，气候变化问题的本质问题是公平问题。之所以会有气候问题的出现，其根源是由于人类的生态空间有限，而发达国家占据了排放的主体，正是由于这种不合理的占用所导致了如今的局面。GDP 与二氧化碳排放的关系是极其密切的，据统计，每 1000 美元的 GDP 所造成的二氧化碳排放高达 0.5 吨。作为发达经济体的美国及欧洲等国，在发展工业时期温室气体排放的问题并未出现，更没有约束作用，排放出大量温室气体。目前，这些发达经济体已经发展成熟，无须再大量排放温室气体，碳排放量处于下降状态；但是对于大多数发展中国家而言，经济正处于发展的关键阶段,工业化进程不断推进,碳排放问题无法完全避免。目前大气层中所积累的温室气体已接近极限,全球变暖已成为不争的事实,约束温室气体排放成为全球的重要任务,但是这种约束力对于新兴市场经济体来说是不利的,制约了经济的发展,发达经济体造成的碳排放后果由新兴经济体来承担,显然有失公允。

这一矛盾的关键在于责任分担机制。为了使气候变化的速度放慢而采取各种措施,会引发巨大的经济成本,而这一成本由谁来承担,就成为世界各国争论的焦点。不论是基础设施建设还是经济生产,目前都是以碳免费为基础而建立起来的,如果在经济和社会建设中采取高价碳的做法,则会导致调节成本的增加,所付出的代价是巨大的、难以承受的。采用不同的责任分担方式,所产生的成本是不同的。部分学者认为,在责任分担既然难有定论的情况下过于纠结是没有意义的,把握机遇率先行动更有价值。他们提出,采取有效的措施可以使气候变暖的现象放缓,虽然增加了成本总量,但是对于具有技术优势和实力的国家来说,这是难得的机遇,能够在未来碳定价的新市场中处于优势地位,但为什么有条件有能力的国家没有选择这种做法呢？这也是矛盾所在。这种观点虽然不够完善,但是对于解决环境和公平架构谈判问题具有一定的启示和积极效应。虽然发展低碳经济涉及多个方面,具有极大的难度,但不可否认其中蕴藏着巨的经济机遇。我们要看到经济增长和低碳经济发展中的矛盾冲突依然激烈,环境与公平的矛盾如何解决成为世界性难题。

1. 在公平的基础上发展低碳经济

其一是部分国家提出重新界定气候变化中的"责任"和"能力"问题,此观点提出以发展权作为衡量的标准。其二是对发展中国家的要求是制定和实施可持续发展的政策和方法,发达国家的目标是绝对量减排,把两者结合起来能够达到较好的效果。面对气候变化,在制定政策时不要只片面的局限选择高增长、高碳型社会,还是选择低增长、低碳型社会,这是一个极为复杂的问题,单纯的选择经济增长或保护地球都是不现实、不科学的。经过分析可知,高碳排放产生的原因是由于低效率所致。低碳经济发展空间无限,减排潜力贯穿生产、消费、流通等所有环节,如果把现有技术充分利用起来,制定出有效的方案,工业和电力能源消耗将随之减少,下降的幅度能够达到20% ~ 30%,能够在经济增长的同时兼顾减排问题。不但提高了公共卫生水平,更重要的是保障了能源安全,利于环境可持续发展的同时,财政支出也随之下降,由此可知以提高能源使用效率为切入点,可以同时完成减少碳排放和保护环境。

2. 重视与低碳经济发展相关的制度

回应制度能在多大程度上解决协调与生产问题,影响力的因素有多种,环境复杂度、参与者的动机以及是否具有对环境的辨识和规范能力起到决定性作用。制度回应在发展低碳经济中的实施及作用的发挥涉及多个问题:第一,通过对人类发展历史的研究,可以确定到目前为止最大的外部性和市场失灵莫过于低碳经济,由于在此之前没有应对过这个问题,所以缺乏经验和方法。第二,参与者动机不统一。第三、制度难以落实,这是因为碳锁定和路径依赖所致。第四,减少碳排放是复杂的工作,时间和方法都难以确定。综上所述,即使确定了以低碳发展为目标,但是实现这一转型需要付出巨大的交易成本,降低交易成本是发展低碳经济的前提条件,如何运用制度安排和政策工具成为要解决的重点问题。目前低碳经济发展进行的时间并不长,处于初期阶段,低碳的相关知识并没有系统化,还处于分散状态。要把制度的功能充分利用起来,把分散的知识集中起来,使之系统化和主体化,展开与高碳经济的竞争,并逐渐占据主导地位,完成低碳"技术—制度综合体"的构建。政府部门之所以实施低碳政策,其目标是明确的,即切断经济增长与温室气体排放间的直接联系。低碳增长是一项大课题,其中包含四个主要方面,首先,要把能源充分利用起来,提升能源使用效率;其次,对砍伐森林的行为要加大整治力度;再次,充分利用好现有的技术,加快提升光伏发电、风电、核电等清洁发电方式在能源供给结构中的占比;最后,树立中长期发展眼光,致力于投资未来前沿发电技术的创新,包括可控核聚变、新一代生物燃料等。

3. 提高人均收入和发展低碳经济结合起来

发展低碳经济的过程中,需要有强大的动力为支撑,关键在于提高人均收入。但是在设计此机制时,要明确以生态系统和运行机制作为前提条件,还要充分考虑到人类及活动的客观规律。生态系统运作模式特征在于循环式,除了物质要素外,事件因果关系也处于循环状态,低碳经济发展与经济增长的关系是密切和复杂的。在协调机制实施之前要做好准备工作,认识到经济过快发展所产生的负面效应,损害了环境和资源,而且这种损害无法弥补、不可逆的,同时也要注意的是如果环境标准过高,超过技术和经济能力范围,则对经济社会发展产生阻碍作用。经济增长、生活水平提高与能源需求扩大之间始终存在着十分密切的关系,这种关系称为能耗第一法则。之所以产生环境问题,是因为其与生产和消费过程是紧密相连的,对环境保护具有影响的因素有多种,而经济发展作为最基础因素,其重要性是不言而喻的。因此,我们要释放出制度安排和政策工具的优势,推动经济发展模式的转型升级,实现高质量发展,从而在根本上缓解经济发展与碳排放之间的矛盾。

(二)有利于利益矛盾的协调机制和有利于减排的国际制度

在发展低碳经济的过程中会遇到诸多难题,其中国际合作是最难调和的。在环保国际合作中,发达国家与发展中国家之间出现尖锐的矛盾,本质是由于低碳经济中利益所引发的。

1.矛盾及协调机制

低碳增长已成全球问题,由高碳增长转变为低碳增长要经历漫长的过程,难度最大之处在于形成国际合作。发达和发展中国家关于合作问题并未达成共识。发达国家于1997年签署了《京都条约》,但是美国作为超级大国却没有参与,原因在于发展中国家不在条约的约束范围。低碳经济转换受到不同国家利益矛盾冲突的影响,加之各国发展水平差异较大,导致转换成本大幅度增加。发展低碳经济并非一个国家和地区能够单独完成的事业,这是世界性问题,目前要实现国际和国内协调发展,这是发展低碳经济不可回避的关键环节。国际环境合作其实是一场看不见硝烟的政治博弈,许多重要问题亟待解决:对各国减排从空间角度来看,采用相同的力度还是要区别对待?从时间的角度来探讨,是逐渐加大减排力度还是一步到位?

在发展低碳经济的过程中,发达和发展中国家之间产生尖锐的利益矛盾冲突,追溯其根源在于在发展水平上存在较大差异。与发展中国家相比,发达国家的优势在于资金与技术方面,双方在原料和市场等诸多方面都存在千丝万缕的联系,在如此复杂的关系中还存在着中心与外围关系。在前面的论述中已经说明,发达国家在分配责任的问题上提出以国家为单位,我国认为这是不公平的,如果采用此规则,中国将成为世界最大的温室气体排放国。因此,我国提出应以人均排放量作为衡量的标准,如果采用这种方法,发达国家人均排放量远远超过发展中国家。目前,这种争议仍在持续,涉及经济、政治、技术等多方面的角力,并有进一步升级态势。

　　发达国家与发展中国家对于推动低碳经济的发展在动机上是有所差异的。之所以出现这种现象,在于气候变化对不同国家的影响不尽相同。欧盟认为要制定出全面的规划,其目标是为了减少温室气体排放,但是美国的态度并不积极,对于人类行动是导致全球变暖的主要原因一直表示质疑,直到最近才认可,所以美国在遏制气候变暖方面并没有采取有效的措施。俄罗斯则持相反的观点,认为气候变暖是件好事,所以对减排问题并不关注。发展中国家认为气候变暖是长期积累的结果,发达国家有不可推卸的责任,应由发达国家来承担和解决。

　　气候变暖对世界各国产生了巨大的影响,尤其是发展中国家面临更加严峻的问题,原因有五个方面:其一,从地理位置来看,发展中国家的地理位置比较集中,很多国家处于低纬度地区,气候变暖使生存条件更加严峻;其二,从工业化角度来看,发展中国家处于经济发展的初期阶段,以高耗能产业为主;其三,发展中国家对自然环境的依赖性更强,在国民生计中农业占比较高,发达国家并不关注低碳农业,并无有效的规划和支持;其四,发展中国家并不具备技术优势,在发展低经济方面欠缺实力;其五,发展低碳经济需要以健全的制度体系来支撑,显然发展中国家在此方面存在不足。

　　发展低碳经济的过程是艰难和复杂的,需要世界各国积极参与,但是从发达和发展中国家实际情况来看,很难达成合作协议,原因源自多个方面:一是源自政治方面的阻力。虽然国际气候谈判一直在进行,但却没有取得突破,根本原因在于利益之争,如果各国量化减排或限排义务,必然会牵扯到本国利益,直接对政治意愿产生影响。众所周知,解决政治问题的难度要远远大于技术问题。如何做到提高国民福利的同时兼顾减少温室气体排放,显然难度是巨大的。目前减排行动已在全球展开,但短期内难以看到明显效果,减排行动处于政治阻力之下是不可否认的事实。二是全球统一行动的难度较大。与一般的环境问题相比,气候变化关系到全世界,而解决此问题需要所有国家都加入,制定全球性制度和政策来安排和应对才能产生良好效果,但是如果执行全球性政策回应,对各国经济增长必然产生直接影响,公平性的问题也会随之出现。全球最大的市场失灵是温室气体,全球减排行动的形成难度较大,在短时间内无法解决。

　　发展低碳经济关系与每个人息息相关,如果各国没有全局观念,只考虑自身利益,对他国发展造成风险是必然的,甚至导致该工程的失败,整体功能处于失灵状态。每个国家的国情、环境、政策是不同的,控制环境危害的力度差异较大,资本具有逐利性特征,贸易和生产要素会转移到环境保护力度较弱的国家,虽然这些国家获取了可观的经济利益,但由此而引发严重环境后果,成为高污染产业聚集地。

2. 制度与国际机制创新

温室气体排放具有外部性的特点,受其影响各国的一致目标下的整体行动难以进行。国际制度能够影响到各国的国内环境政策,各国经过博弈后,在国际制度的大框架内形成各自国内具体的政策。设计减排制度必须做到谨慎,多方兼顾,考虑全面,不但要使各国环境利益得以实现,还要加大对发展中国家的保护力度,满足经济增长的需求。处于 CDM 框架中,技术输出国在对低碳高新技术进行转移时获取可观的利益,发国家实现了低成本排放的目标。当务之急要设计出监测和执行体制,该体制的运行成本必须是低廉的,否则将失去对各方的吸引力。如果交易成本过高,对国际减排行动将造成阻力,对国际制度的形成产生制约作用。

高碳增长到低碳增长并非一国之力能实现的,以此作为一个国际行动过程。经济全球化后,要构建新的制度来处理经济增长的问题,减少脆弱性。但同时我们也要认识到,如果没有世界性政府的作用,制度安排如何才能被执行? 国家之间监督和处罚基本是不可能实现的。在这种条件下以诺思分析为依据,规则得到有效的实施,需要在自愿性服从的条件下进行。由此可知,能否有效的执行所制定的国际机制,其根本在于必须要形成一种体制支持性的意识形态,显然目前这种条件是不具备的,由此而提出疑问,这个问题如何解决? 如果各国能够积极的行动起来,以专业规范为依据采取行动,跨国网络由此而形成,则可以部分替代上述意识。

之所以会出现国际机制,在于各国通过对制定实施协议和不制定实施这些协议进行比较,确定前者所支付的交易成本要低于后者。不同的国家对国际机制的内在需求是不同的,在平等的基础上各国进行协商,并达成一致,各国享有自主权,可以选择接受或拒绝,不存在武力胁迫的问题。我们可以这样理解现代国际机制,视其为由国家设计的一套机制,该机制为了减少不确定性,尝试着采取提供信息的做法,为决策制定提供规则,以相关安排来监督成员国行动,在实施规则时通过采取分散行动来完成,所采取的措施具有降低交易成本的功能。国际机制需要解决两个问题,一是保证承诺的公信力,二是保证协议的执行能够继续下去。国际机制的顺利运行是建立在互利和国际声誉的基础上的。在国际机制的作用下,交易成本降低,不确定性降低,从而达到增加政治交换收益的目的。一般而言,支配力较强的国家受到制约,机会主义行为减少。

跨国网络替代意识形态应该如何完成?目前国际关系的行为范式处于网络体系的作用下,受到各国及不同的官僚体系的影响而发生变化。联合国经过研究后,成立了气候变化跨政府小组来负责具体工作,对人类活动与全球气候变化的关系进行评价,并对是否具有影响及影响结果做出判断。该工作组则跨过各国政府的约束,使科学评估向制度化的方向发展,对气候变化的认知更加全面和系统。正是由于气候变化科学评估制度化的实现,交易成本显著下降。由此而引发思考,科学家的评估因为什么具有降低交易成本的功效?"机会主义"为什么难以进入到此过程?外交家做不到的事由科学家完成了。如果过程是具有科学性合法性,以制度化来体现,可以使部分与政治过程相关的问题被排除掉,采取这种做法可以解决因为谈判而导致交易成本过高的问题。科学规范体现出职业化的特点,加之科学家声誉的影响,对上述过程起到保护作用,减少政治因素的影响。

各国达成协议后,有必要对这些协议进行解释。从国际机制的外部形式来看,作为一种不完备的契约模式,它们无法确定其规则可能导致的一些突发事件。在这种情况下,机会主义更容易发生,进行有效的监督和协议实施需要付出较高的成本。基于现实,跨国性共同体应运而生,对机会主义具有一定的约束力。国内外官员都将对专业人士从正直和信誉方面进行声誉评论,跨国网络成员的身份发生变化,和政府之间不存在雇佣关系,重复博弈对机会主义具有约束作用的同时,对合作具有促进作用。对因果机制进行探讨,跨国的职业网络是不可缺少的重要因素,其所承担的责任是十分重要的,要对信息进行收集,对标准做出界定,除此之外还对规则予以解释。在谈判和实施协议的过程,部分重要内容可以脱离政治谈判的约束,这对机会主义和搭便车行为起到制约作用,合作交易不需要付出高成本[①]。从这个层面进行研究,可

---

① 姆斯·艾尔特,等. 竞争与合作:与诺贝尔经济学家谈经济学和政治学[M]. 北京:北京大学出版社,2011:265-267.

以确定各国之间的利益矛盾是尖锐的，但是制度创新可以使问题得以缓解，所形成的国际制度对低碳经济发展是有益的。

二、全球低碳博弈中的中国策略

（一）中国在全球低碳博弈中面临的机遇及挑战

在发展中国家中，中国经济发展态势良好，发展速度之快，所取得的成果令世界瞩目。发展低碳经济对中国来说前景是广阔的，既是机遇同时也是挑战。我国正处于经济增长方式和产业结构转变、调整阶段，以可持续发展和节能减排作为发展目标，这与发展低碳经济不谋而合，具有较高的一致性。我国要把全球发展低碳的机会充分利用起来，在具有比较优势的领域加大研发力度，把节能减排技术应用于重点行业，在取得技术上突破的同时，构建新的竞争优势。要把碳排放量降到最低，为迎接碳排放和能源消费拐点而做好准备工作。中国发展低碳经济的空间和潜力较大，在以下四个方面具有优势：一是碳减排空间是广阔的。二是可以优化调整产业结构，加大技术革新力度，优化管理，把多种方法综合运用起来，拥有较大的节能减排余地。三是与发达国家相比，需要支付的碳减排成本较低。四是在碳减排方面具有显著的技术优势，可以提供更加广阔的创新与合作空间。

虽然我国在发展低碳经济方面具有一定的优势，但也不能忽略不利因素：其一，经济不够发达，所承受的碳减排压力是巨大的。其二，经济发展方式比较单一，粗放式占据主要地位。其三，资源禀赋条件较差，并不具备能源结构优势，这对碳减排是不利的。其四，产业结构存在缺陷，有待优化，贸易结构并不合理，在国际分工体系中没有绝对优势，处于相对低端地位。其五，亟待改善民生问题，与产业升级之间产生矛盾。其六，经贸结构和规模的影响，难以突破局限，我国存在巨大的"内涵能源"出口净值。

（二）中国在发展低碳经济的国际制度中如何发挥作用

1. 建立自己的智库并加强研究

以英美澳为代表的发达国家，对于发展低碳经济的重视程度较高，发布了诸多针对与气候相关的研究报告，以自身的实际情况为出发点来判断两者的关系。美国与欧洲国家虽然都属于发达国家，但是在气候与发展低碳经济方面采取了不同的措施。所有的研究和所制定的策略都遵循一个原则,即对本地区发展有利。低碳经济问题有着自身的特殊性,在对其进行研究时要充分认识到这一点,以比较政治经济学理论框架为基础,以全球性的视野来看待此问题,才能更有深度和广度。在研究中应用比较政治经济学,比较不同国家或不同时期的政府、市场关系、利益集团所形成的关。目前利益已成为最大难点问题,对各国之间发展低碳经济共识和行动的形成所起的作用是决定性的。博弈是必然的,中国作为积极的参与者,我们要维护自己的诉求,并享有话语权。所以为我们要构建中国特色的智库,为研究提供理论支持。目前,各国都在此问题上加大研究力度,通过讨论甚至交锋,缩小分歧,达成共识,这对降低建立和实施国际制度成本所起的作用是积极的。

2. 中国要参与减排的谈判活动及规则的制定

我国作为最大的发展中国家,在发展低碳的国际规制的制定过程中要体现出大国风范,争取更大的话语权。中国要与其他发展中国家加强联系,建立友好关系,共同对全球协定要予以支持。全球协定必须是有效的,使其功效能够发挥,遵循相关规定对碳排放进行削减;全球协定必须是高效的,能够在低成本状态下运行;同时还要保障全球协定具有公平性,不论是能力还是责任必须是平等的,对气候变化从两个方面进行研究,以根源和影响为切入点展开分析。中国具有碳排放大国和减排大国的双重身份,要承担起大国应负的责任,成为国际减排行动积极的参与者,在制定和参与国际规则中能够起到关键作用。中国要与发展中国家密切联系并建立良好合作关系,国际制度构建的过程同时也是博弈的过程,在面对环境与公平的矛盾时,中国要进行协调,维护发展中国家的权益,把发展低碳经济这项工作落实下去,争取到更多更大的发展空间。

3. 要通过排放权交易、低碳技术的转让等降低中国发展低碳经济的成本

在国际市场作用下推动低碳经济发展,排放权交易具有较大的可利用空间。假设有 A、B 两国,不论减排水平达到何种程度,以每额外单位减排为衡量标准,A 国如果低于 B 国,如果 A 国能够多减排,B 国则可以少减排,只需要付出较低成本即可完成总减排量。在实际操作时,两国可以建立合作关系,由 B 国支付给 A 国一定的资金,A 国多减排,双方都可以享受到碳减排成果。处于政治、意识形态等因素的影响之下,低碳技术由发达国家掌握,向发展中国家转移涉及多个环境,难度较大。发展低碳经济是以低碳技术为支撑而实现的,早在 2011 年,联合国制定了中国人类发展报告,认为中国实现低碳经济这一目标的难度较大,若想实现这一目标,相关的技术的支持是必不可少的,关系到 60 多种技术,中国不具备的核心技术为 42 种,即超过 70% 的技术依赖进口。欧美国家对中国采取了打压措施,禁止把高新技术出售给中国,显然这种做法是短视的,对发展低碳经济产生阻碍,对减缓气候变化极为不利。由此可知制定发展低碳经济的国际制度时,要认识到意识形态所产生的阻碍作用,要把这种负面影响消除掉。

第二节　生态文明建设的主要矛盾及新时代中国的解决方案

我国处于新的历史时期,生态文明建设已经引起高度关注,对于建设过程中的矛盾能够正确认识并着手解决,"绿水青山就是金山银山"的创新理念已初步建立起来。同时还把经济新的增长点确定下来,即保护生态环境,将其作为支撑点。为了解决生态文明的主要矛盾,所制定出的方案具有创新性。在新方案的作用下,我国生态文明建设快速发展起来,所取得的成果得到国内外的广泛认可,也为世界各国提供了宝贵的经验。

一、生态文明建设的主要矛盾

生态文明建设是一项庞大的工程,涉及多个领域,并引发诸多矛盾冲突。所进行的研究要从不同维度进行,以种类、主体、时间、内容四个维度为切入点,对利益矛盾进行客观的分析。以种类维度为基础进行探讨,生态文明的主要任务是解决人与自然的矛盾。从主体维度看,生态文明建设的主体包括个人、企业、国家等,同级主体和不同级主体之间产生利益矛盾。以时间维度为基础来探讨矛盾的表现形式,可以将其分为多种类型,如近期与长远利益、当代和未来利益的矛盾等。以内容维度为基础划分矛盾,分为物质和精神利益的矛盾,经济与环境利益的矛盾。各种类型的矛盾并非独立存在,彼此间的关系是密切的,相互交织和影响,这对生态文明建设产生巨大的压力,难度和复杂程度增大。

唯物辩证法对矛盾做出了界定,并认为事物存在着根本矛盾,并在发展过程中始终存在,且决定着事物及过程的本质;主要矛盾在矛盾体系中处于支配地位,所起的作用是决定性的,并规定和影响次要矛盾。目前,各国以提升征服自然的能力为目标,以发展经济为任务,生态环境处于这种背景下,所面临的问题越来越严重。对生态文明建设矛盾体系进行研究,把主要矛盾确定下来,即经济与环境两大利益之间的矛盾,从矛盾的具体表现来看,体现为发展经济与保护环境之间,由于存在这种矛盾,使生态文明建设的阶段性特征显现出来,如果能够解决这一主要矛盾,则对解决生态文明建设根本矛盾具有重要意义。生态文明建设正进行到关键阶段,亟待解决的是经济与环境利益之间的矛盾。

首先,在建设生态文明过程中,经济与环境利益之间的矛盾是主要矛盾,处于支配和主导地位,以此为基础把生态文明建设的主要任务确定下来。我们加大生态文明建设的力度和速度,其目标是明确的,即改善优化自然环境,由此而得到环境利益。从其实质来看,要协调发展经济和保护环境两类活动之间的关系,对经济与环境利益的矛盾能够正确认识,并予以化解。我国坚持经济持续发展的原则,协调各种社会关系,推进政治、经济、社会、生态文明建设,同时还要推动其他方面建设走上正轨[①],使经济与环境利益的矛盾得以解决或缓解。其次,经济和环境利益的矛盾具有较强的影响,规定影响着其他矛盾,决定着生态文明建设的发展。由此经济和环境利益之间的矛盾较为突出,规定和影响了时间维度的矛盾,近期和长期利益矛盾由此而形成,引发当代和未来利益的矛盾。以生态文明建设内容维度为基础对矛盾进行分析,物质矛盾包括经济和环境利益,以此作为精神利益的基础。但是要注意的是精神利益被涵盖于环境利益之中,一方面,如果主体追求的是环境利益,则可以做出判断,该主体具有利他和自我牺牲的精神,为了保护社会、他人、后代的利益,不但可以放弃自己的利益,甚至为之付出全部精力,不惜以生命为代价。另一方面,如果实现了环境利益,能够创造

---

① 习近平.习近平谈治国理政[M].北京:外文出版社,2014,11.

把更加丰富的精神价值创造出来,正是因为在环境利益中体现出精神价值,所以我们要重加重视对环境与经济利益矛盾的处理,必须要采取高效的、正确的方法。

综上所述,生态文明建设是复杂的过程,会出现各种各样的矛盾,以经济和环境利益的矛盾最为突出,并渗透于其他矛盾之中,规定和影响其他矛盾,对目前的生态文明建设起到决定性作用,明确了主要任务的同时还要把发展的真实情况表现出来。在实践中我们对于经济与环境利益的矛盾必须要敢于面对和解决,在此基础上才能解决其他矛盾,并在生态文明建设过程中发挥出积极的推动作用。

二、解决生态文明建设主要矛盾的中国新方案

中国正大力推进社会主义现代化建设,高度重视生态文明建设。改革开放前即提出合理利用自然资源的观点并在现实中践行这一理念。进入 90 年代后,经济取得了丰硕的发展成果,随之出现较为严重的生态环境问题,为了解决环境恶化的困扰,我国自十七大开始即制定出生态文明建设的规划。虽然生态文明建设成为战略化目标的时间较短,但是由于国家的高度重视,进行了全面的学习和研究,对于西方国家所取得的经验和成果虚心学习,在与我国实际情况相结合后,制定出与中国国情相符的新方案。对于生态文明建设过程中出现的主要矛盾要敢于面对,辩证的理解,实现促进经济与环境利益的内在统一。目前,中国制定了"绿水青山就是金山银山"的生态建设新理念,以保护环境作为经济新的增长点。面对和解决人与自然的矛盾时,融合了生命共同体理念,以此作为解决矛盾的新思路。

(一)环境利益就是经济利益:绿水青山就是金山银山

在解决生态环境问题的过程中,经济与环境利益作为主要矛盾已经引起人们的关注,但是往往将二者对立起来进行处理,却没有考虑到二者的统一、协调。正是由于这个原因,使种种生态文明建设的实践活动以失败告终,所构建的生态文明建设相关理论也失去了意义,欠缺现实合理性。西方国家也不例外,在认识理论和实践时也出现此问题,此现象同样存在于我国在认识和实践生态文明建设中。其实,不应片面的认为经济与环境利益处于绝对对立状态,两者的关系是密切的,虽然属于主要矛盾,但是却具有同一性,双方能够建立依存和促进的关系。

"绿水青山就是金山银山"的理念一经提出,立刻赢得广泛的认可与支持,该理念的特点是朴素直观,表现出经济与环境利益的协调一致性,其理论内涵是深刻的。为什么青山绿水可以成为金山银山,可以从三个方面予以说明:其一,我们追求经济可持续发展,只有在良好生态环境的基础上才能实现此目标;其二,生态农业、工业、旅游的发展是在良好生态环境的基础上进行的,在生态环境的作用下,这些产业才能完成经济利益的转化;其三,提高人们生活质量和健康是在良好的生态环境下实现的,如果卫生和医疗费用减少,等于经济利益增加。"绿水青山就是金山银山"的理念从字面上来看浅显易懂,却蕴含着深刻的哲理,使发展经济和保护环境摆脱了对立,不再处于两难状态,经济与环境利益被统一起来,这对经济健康发展起到了积极的推动作用,对生态环境的保护更加有效。

(二)以环境利益促进经济利益:以保护生态环境为新的经济增长点

进入到上世纪的六七十年代后,西方国家的生态环境问题越来越突出,形势更加严峻。罗马俱乐部具有敏锐的观察分析能力,向全世界人民提出警告,不论是经济还是人口,都有增长极限存在,目前已处于超越极限的边缘,而避免毁灭之灾的方法只有一个,即对增长予以限制或停止。经济增长极限论由此而产生,所产生的影响是广泛的。但是在现实中该理论却不能被接受,这是因为违背了社会发展趋势,与人民幸福生活的意愿相左。在此之后越来越多的学者投入到研究中来,各种新构想随之涌现。我国提出科学发展观也属于创新构想的一种,在此之后我国提出新的理念,即"绿水青山就是金山银山",该构想具有极高的理论和实践价值,使谋求经济利益与保护生态环境融合起来,使生态环境保护被提到新的经济增长点的高度上来。习近平对于生态环境建设予以高度重视,提出以保护生态环境为基础,加大经济发展力度的理论,由此可知我们已经调整了思维模式,生态文明建设取得了突破性进展,使发展经济与保护环境不再处于对立关系,两者可以做到齐头并进,共同发展。对经济利益和环境利益都要予以保护,其重心是保护生态环境。在保护生态环境的过程,经济发展的新动力也被明确,经济发展新的空间被开发出来,并抓住了发展的新机遇。以绿色、可持续作为经济发展新的着力点,摆脱了增长极限的阻碍。党和国家对根本利益的追求从未改变,即以人民利益为核心。在此基础上,解决或缓解经济和环境利益所引发的矛盾。处于新的历史时期,生态文明建设已经引起党和国家的高度重视,以此为基础,经济和环境利益的矛盾的解决指日可待。

通过以上论述,对生态文明建设的主要矛盾进行了深入探索,所制定出的解决方案具有创新性、可行性,在我国生态文明建设过程中起到推动作用,使人民对美好富裕生活的需求得到满足,即使在全球生态文明建设中,所具有的意义也是深远的。首先,人类以实现工业化、现代化为目标,会对生态环境造成损害,创新方案解除了这个困扰。工业化、现代化以全新的形态出现,指明了人类发展的正确之路。其次,发展经济是发展中国家最重要的任务,但是发展过程是艰难的,受到自然资源匮乏、环境恶化的影响,发达国家提出的双重环境标准也具有制约作用,传统的先污染后治理的工业发展之路已被淘汰。中国新方案在这种背景下产生,有效地解决了经济发展与环境保护之间的矛盾,同时也帮助其他发展中国家走出困境,确定了新的发展方向。第三,在中国的新规划中,要把环境利益作为民生的主要内容,通过"生态惠民"获得民众的支持和回应。同时,消除西方国家环境运动与人民经济利益之间激烈冲突的魔咒。在中国新方案中提出对于生态文明主要矛盾的解决要采取创造性的方法,这并非停留在理论层面的构想,在社会主义建设中接受实践的检验,成效初显。中国仍然有许多山区和偏远地区相对贫穷,缺乏工业基础,缺乏农业发展的自然条件,而且环境受到污染比较严重。地方政府以中央精神为指导,利用当地自然环境和文化优势,以此作为新的经济增长点,对环境实施有效治理,构建出一片独特的天地,同时还对地方文化进行了深入的挖掘,实现了经济与环境利益的双丰收。我国还加大工业生产管理的力度,把政府的推动作用发挥出来,实现产业结构升级,淘汰落后产能,减少资源消耗和环境污染,优化产业结构,提高经济科技含量,经济发展前景广阔。这些都是对"绿水青山就是金山银山"新理念的践行,对于向全世界展示中国新方案具有重要价值。

三、形成以绿色循环低碳高质量发展的生态文明

基于低碳经济的全球博弈和中国面临的机遇及挑战,生态文明建设的主要矛盾及新时代中国的解决方案,中国应高水平提升现代生态

农业,高质量发展现代低碳工业,高品质提升现代生态服务业,以低碳数字化转型提升生态文明建设水平。

(一)高水平提升现代生态农业

其一是全力推进农业绿色发展。加快农业信息化基础设施建设速度,开展数字种养基地、数字农业工厂和数字乡村示范区、县(市)创建,培育更多农业绿色发展先行县(市、区)和农业绿色发展示范区。加快建设美丽牧场、美丽林场、美丽渔场,大力发展休闲观光、农村电商等高附加值农业新业态,走产出高效、产品安全、资源节约、环境友好的现代农业绿色发展道路。其二是加强绿色优质安全农产品供给。推进农产品的产、加、储、运、销全产业链绿色化标准化发展,完善农产品质量安全追溯体系,实现特色产业和规模主体"一证一码"食用农产品合格证全覆盖。其三是培育壮大绿色农产品品牌。打造一、二、三产业深度融合的特色优势产业集群,深度挖掘和展示现代农业艺术、科技、文化、生态与旅游价值,推动农业从单一的农产品生产功能转向农耕文化传承、农业生态保护、乡村旅游体验、休闲养生等多功能的综合开发利用。

(二)高质量发展现代低碳工业

其一是大力实施节能环保、新能源汽车等绿色产业发展项目,促进太阳能光伏、环保装备、节能电光源等节能环保产业高端化、集群化发展,推动建设制造业绿色发展。其二是深化传统制造业低碳化改造升级。运用工业互联网、大数据、人工智能、文化创意赋能传统产业,大力推进腾笼换鸟、机器换人、电商换市、空间换地。其三是推动生产过程清洁化高效化。推进工业园区循环化改造,开展资源循环利用体系建设。以传统产业为重点全面推广高效节能节水环保技术和装备。加快光伏太阳能、天然气等清洁能源开发利用和推广,推进可再生能源规模化发展,尽快建成资源循环利用体系。加强关键环保技术产品自主创新,培育建设一批产业示范基地,孵化一批实验研发机构,构建节能环保产业链。

(三)高品质提升现代生态服务业

积极培育集绿色创意农业、生态情景体验、绿色科技教育等为一体的生态旅游新业态,鼓励绿色文化动漫产业等文化创意产业蓬勃发展、支持绿色产品设计、开发绿色金融工具和产品、深化绿色保险服务创新,推动新型服务业成为新的经济增长点和加速器。促进绿色公共服务加快发展,推广环境医院、环保管家和环境顾问等第三方生态环境治理服务,探索统一规划、统一监测、统一治理的一体化服务模式,提升印染、化工、矿山等行业环境治理水平。借助大数据推进快递包装业绿色发展,培育壮大高端增值、智慧便捷、绿色高效的现代物流产业。

（四）低碳数字化转型提升生态文明

其一是推进数字经济基础设施建设。加快布局新一代通信基础设施,谋划布局数据中心建设,引导数据中心向规模化、集约化、智能化、绿色化方向发展。对交通、能源、生态、工业、农业等传统基础设施进行数字化、网络化、智能化改造升级,构建全域覆盖的智能感知网络,深化物联网技术在公共服务、生产制造、低碳环保等领域的部署应用。其二是加快推动数字产业化。聚焦公共治理、生态环境、交通运输、清洁能源、幸福民生等重点领域,深度应用新一代通信技术、大数据、云计算、人工智能、区块链等技术,加快数字经济与制造业深度融合步伐,鼓励技术创新突破,提升数据价值化。其三是加速农业数字化改造,加快农业生产领域物联网应用,推广环境调控、定量饲喂、监测预警等智能系统和装备技术,引导和鼓励数字种植、养殖、育种工厂建设,鼓励农村电商及数字化农资经营体系加快发展,构建农产品质量可追溯、应急指挥等数字管理体系,提升农业服务与管理水平。

参考文献

[1] Erik Bonsdorff, Agneta Andersson, Ragnar Elmgren Baltic Sea ecosystem-based management under climate change: Integrating social and ecological perspectives[J] AMBIO, 2015, 44（3）.

[2] Silvia Rova, Fabio Pranovi Analysis and management of multiple ecosystem services within a social-ecological context[J] Ecological Indicators, 2017: 72.

[3] Simon R Sinsel, Rhea L Riemke, Volker H. Hoffmann Challenges and solution technologies for the integration of variable renewable energy sources—a review[J] Renewable Energy, 2020, 145.

[4] 张成福,李昊城,边晓慧.跨域治理:模式、机制与困境 [J].中国行政管理,2012（3）:102-109.

[5] 沈洪涛,黄楠.碳排放权交易机制能提高企业价值吗［J］.财贸经济,2019（1）:144-161.

[6] 汪波.论城市群生态一体化治理:梗阻、理论与政策工具［J］.武汉科技大学学报(社会科学版),2015（1）:56-62.

[7] 毕学成,苏勤.生态经济领域研究热点与前沿 —— 基于 Citespace Ⅲ 的分析 [J].重庆交通大学学报(社会科学版).2017（1）:74-81.

[8] 邓集文.试论中国城市环境治理的兴起 [J].东南学术,2012（3）:128-136.

[9] 王超奕."打赢蓝天保卫战"与大气污染的区域联防联治机制创新［J］.改革,2018（1）:61-64.

[10] 何甜,帅红,朱翔.长株潭城市群污染空间识别与污染分布研究 [J].地理科学,2016（7）:1081-1090.

[11] 毕学成,谷人旭,苏勤.制造业区域产业专业化、竞合关系与分工——基于江苏省市域面板数据的计量分析 [J].长江流域资源与环

境.2018（10）：2201-2213.

[12] 王忠诚,邓志高.长株潭城市生态一体化建设的动力机制分析 [J].中南林业科技大学学报(社会科学版),2008（5）：67-70.

[13] 傅政德.城乡生态一体化发展战略与农业现代化 [J].农业现代化,1989（10）：1-4.

[14] 田西,吴玉锋,刘婷婷,等.京津冀城市圈生态一体化下的再生资源产业链协作模式初探——以再生铅为例 [J].观察,2015（2）：51-54.

[15] 李睿,余璐.中三角生态一体化进程中武汉市生态文明建设探析 [J].改革与开放,2016（19）：34-36.

[16] 席恺媛,朱虹.长三角区域生态一体化的实践探索与困境摆脱 [J].改革,2019（3）：87-96.

[17] 邓集文.试论中国城市环境治理的兴起 [J].东南学术,2012（3）：128-136.

[18] 黎敏,刘俊月,焦小楠.长株潭城市群生态一体化治理模式探究 [J].中南林业科技大学学报(社会科学版),2017（6）：18-22.

[19] Treffers T, Fa APC,Sparkman J, Seebregts A. Exploring the Possibilities for Setting up Sustainable Energy Systems for the Long Term：Two Visions for the Dutch Energy System in 2050[J]. Energy policy,2005（33）：1723-1743.

[20] Andrew J, M. A. kaidon& B. Carbon tax：Challenging neo liberal solutions to climate change[J]. critical perspectives on Accouting. 2010,21（7）：611-618.

[21] 王丹舟,王心然,李俞广.国外碳税征收经验与借鉴 [J].中国人口·资源与环境,2018,28（S1）：20-23.

[22] Staffan Jacobsson,Volkmar Lauber. The politics and policy of energy system transformation-explaining the German diffusion of renewable energy technology[J]. Energy Policy,2006（34）.

[23] Koji Shimada,Yoshitaka Tananka,KeiGomi. Developing a long-term local society design mythology towards a low-economy：An application to Shiga Pre fecture in Japan[J]. Energy Policy.2007（35）：4688-4703.

[24] Abdeen Mustaf Omer. Focus on Low-carbon Technologies：

The positive Solution[J]. Renewable and Sustainable Energy Reviews,2007（4）: 1-2.

[25] Foxon T, Kohler J,Oughton C. Innovation for A Low-Carbon economic Institutional and Management Approaches [M]. Edward Elgar Publishing, 2008.

[26] Tapio P. Towards a theory of decoupling: Degrees of decoupling in the EU and the case of road traffic in Finland between 1970 and 200[J]. Journal of Transport Policy,2005（12）: 137-151.

[27] UgurSovtas Energyconsumption, income and carbon emissions in the United States[J]. Econlogical Economics,2007,62（34）: 428-489

[28] Salvador Enrique Puliafito. Modeling population dynamics and economic growth as competing species: An application to CO2 global emissions[J]. Ecological Economics.2008, 65（3）: 602-615.

[29] Jyoti Parikh Decoupling the link between economic growth,transport growth and corbon emissions in Scotland[J]. The Centre for transport Policy,2006（8）: 3-15.

[30] Dagoumas, A. S. Barker, T. S. Pathways to a low-carbon economy for the UK with themacro-econometric E3MG model. Energy Policy 2010, 38: 3067-3077.

[31] Ugur S. Ramazan S. Brad ley T E. Energy consumption, income, and carbon Emissions in the United States[J]. Eclogical Economics,2007（62）: 482-489.

[32] Salvador E P. J L Puliafito, Mariana C G,Modeling Population Dynamics and economic growth as competing species: An application to CO_2 global emissions[J]. Ecological Economies,2008（65）: 602-615.

[33] Dayuan Fu. Simulation of Agro-ecological Development Trend Judgment Based on Big Data [J]. Boletin Tecnico（Technical Bulletin, 2017,55（19）: 617-624.

[34] 陈浩,付皓.低碳经济的特性、本质及发展路径新论 [J]. 福建论坛（人文社会科学版）,2013（05）: 29-34.

[35] 李兴涛.低碳经济发展的经济学阐释 [J]. 社会科学家,2013（09）: 61-63.

[36] 邓泽林.低碳经济的本体论反思 [J]. 江汉论坛,2014（02）:

91-94.

[37] 郑洁,翟胜宝.基于低碳经济背景的我国绿色税收体系研究[J].石家庄经济学院学报,2011,34（05）：42-45.

[38] 罗小芳,卢现祥.论创新与制度的适应性效率[J].宏观经济研究,2016（10）：13-22.

[39] 王灿,王克.技术创新促进低碳经济发展[G]//张坤民,低碳经济论.北京：中国环境科学出版社,2008：418-434.

[40] 夏太寿,李淑涵.低碳技术及其推广模式探究[J].中国集体经济,2018（25）：148-150.

[41] 任力.低碳经济与中国经济可持续发展[J].社会科学家,2009（02）：47-50.

[42] 贾林娟.低碳经济发展影响因素及路径设计[J].科技进步与对策,2014,31（03）：26-29.

[43] 陈飞,诸大建.低碳城市研究的内涵、模型与目标策略确定[J].城市规划学刊,2009（04）：7-13.

[44] 何宜庆,文静,袁莹莹.基于因子分析的江西省城市低碳经济发展评价分析[J].企业经济,2011,30（12）：65-67.

[45] 江正平,张伟,雷亮.省域低碳经济发展评价指标体系的构建及测评[J].广东农业科学,2012,39（01）：212-216.

[46] 郑伟.低碳经济指标体系的构建及实证研究[J].仲恺农业工程学院学报,2014,27（04）：61-65.

[47] 潘文砚,王宗军.基于核主成分分析的低碳经济发展水平评价研究[J].金融与经济,2016（04）：55-59+91.

[48] 史学飞,孙钰,崔寅.基于熵值－主成分分析法的天津市低碳经济发展水平评价[J].科技管理研究,2018,38（03）：247-252.

[49] 朱有志,周少华,袁男优.发展低碳经济应对气候变化——低碳经济及其评价指标[J].中国国情国力,2009（12）：4-6.

[50] 张学毅,王建敏.基于物质流分析方法的低碳经济指标体系研究[J].学习月刊,2010（12）：109-110.

[51] 陈芳琴,杨荣华,宋慧琳.江西低碳经济综合评价及发展路径[J].企业经济,2016（08）：26-31.

[52] 付加锋,庄贵阳,高庆先.低碳经济的概念辨识及评价指标体系构建［J］.中国人口·资源与环境,2010（8）：38-43.

[53] 胡大立,丁帅.低碳经济评价指标体系研究[J].科技进步与对策,2010（11）:160-164.

[54] 齐敏.我国低碳经济发展水平的评价指标体系与评估研究[D].济南:山东师范大学,2011.

[55] 陈永国,褚尚军,李宗祥.低碳经济内涵与四象限评价法[J].河北经贸大学学报,2011（11）:60-63.

[56] 陈静,程东祥,诸大建.基于灰理想关联分析的中国城市低碳竞争力评价[J].资源科学,2012（9）:1726-1734.

[57] 杨红娟,王路遥.低碳经济发展效率评价研究:以云南为例[J].学术探索,2015（5）:70-75.

[58] 付允,马永欢,刘怡君,等.低碳经济的发展模式研究[J].中国人口·资源与环境,2008（5）:48-52.

[59] GOMIA K, SHIMADA K, MATSUOKA Y. A low-carbon scenario creation method for a local-scale economy and its application in Kyoto city [J]. Energy Policy, 2010（38）: 4783-4796.

[60] Haberl R, Becker A, Lang C, et al. Exclusion of coronary calcium with electron beam tomography: an effective filter before invasive diagnosis in symptomatic patients[J]. Zeitschrift Für Kardiologie, 2001, 90（1）: 21.

[61] Bastianoni S, Galli A, Pulselli R M, et al. Environmental and Economic Evaluation of Natural Capital Appropriation through Building Construction: Practical Case Study in the Italian Context[J]. Ambio, 2007, 36（7）: 559.

[62] Wackernagel M. Methodological advancements in footprint analysis[J]. Ecological Economics, 2009, 68（7）: 1925-1927.

[63] 莱斯特·R·布朗.B模式:拯救地球延续文明[M].2版.北京:东方出版社,2006.

[64] 叶谦吉.生态农业:农业的未来[M].重庆:重庆出版社,1988.

[65] 沈清基.论城市规划的生态思维[J].城市规划学刊,2000,6:7-12.

[66] 乔丽.矿区生态文明评价及预警模型研究[J].再生资源与循环经济,2011,4（4）:34-40.

[67] 高珊,黄贤金.基于绩效评价的区域生态文明指标体系构建——以江苏省为例 [J].经济地理,2010（5）：823–828.

[68] 庄海燕.基于大数据的生态文明建设综合评价——以生态文明示范区海南省为例 [J].国土与自然资源研究,2017（4）：38–42.

[69] 崔春生.基于 Vague 集的中部五省生态文明建设评价 [J].管理评论,2017,29（8）：243–250.

[70] 刘宇鹏,王军,张国锋.面向湿地的文明生态村建设评价指标体系构建——以白洋淀村庄为例 [J].农业科学,2010,6：596–598.

[71] 邓淇中,李鑫,陈瑞,等.区域金融生态环境指标体系构建及竞争力评价研究 [J].湖南科技大学学报：社会科学版,2012（61）：75–80.

[72] 乔丽,白中科.矿区生态文明评价指标体系研究 [J].金属矿山,2009,39（11）：113–118.

[73] Haberl R, Becker A, Lang C, et al. Exclusion of coronary calcium with electron beam tomography：an effective filter before invasive diagnosis in symptomatic patients[J]. Zeitschrift Für Kardiologie,2001,90（1）：21.

[74] Bastianoni S, Galli A, Pulselli R M, et al. Environmental and Economic Evaluation of Natural Capital Appropriation through Building Construction：Practical Case Study in the Italian Context[J]. Ambio, 2007, 36（7）：559.

[75] Wackernagel M. Methodological advancements in footprint analysis[J]. Ecological Economics,2009,68（7）：1925–1927.

[76] 叶谦吉.生态农业：农业的未来 [M].重庆：重庆出版社, 1988.

[77] 乔丽.矿区生态文明评价及预警模型研究 [J].再生资源与循环经济,2011,4（4）：34–40.

[78] 王铁柱.习近平生态文明思想的理论创新 [J].理论导刊,2021（02）：11–16.

[79] 熊瑛.我国工业化中的能源问题与生态文明建设 [J].宏观经济管理,2021（02）：51–58.

[80] 黄茂兴,张建威.生态文明建设与新型城镇化协调发展的时空格局及影响因素——以福建省为例 [J].福建师范大学学报（哲学社会

科学版),2021(01):40-54+169-170.

[81] 吕添贵,孔安妮,汪立.基于 PSR 模型的生态文明示范区生态安全评价及其障碍诊断 [J].水土保持研究,2021,28(02):343-350.

[82] 张般若,李自杰.高铁能促进低碳经济吗?——高铁开通对城市碳排放强度的影响及机制研究 [J].华中科技大学学报(社会科学版),2021,35(01):131-140.

[83] 杨济菡,王玉茹.双循环新发展格局下知识产权制度创新——以绿色低碳经济为中心 [J].青海社会科学,2020(06):54-60.

[84] 王业强,李豫.生态文明背景下的"无废城市"建设路径分析 [J].城市与环境研究,2020(04):97-110.

[85] 丁国峰.十八大以来我国生态文明建设法治化的经验、问题与出路 [J].学术界,2020(12):161-171.

[86] 任祥.生态文明视域下公众参与环境保护的制度理性分析 [J].生态经济,2020,36(12):218-222.

[87] 万媛媛,苏海洋,刘娟.生态文明建设和经济高质量发展的区域协调评价 [J].统计与决策,2020,36(22):66-70.

[88] 刘解龙,黄诗颖,胡小艳,王爱娥.在生态文明建设上展现新作为 [J].湖南社会科学,2020(06):16-25.

[89] 耿海清,陈雷,王占朝,郭倩倩,徐蕾,曹巍."三线一单"在生态文明制度体系中的定位探析 [J].环境保护,2020,48(21):9-13.

[90] 丁丁,王云鹏.论发展低碳经济的税收优惠制度 [J].北京交通大学学报(社会科学版),2020,19(04):127-137.

[91] 田静,田海涛.基于绿色低碳经济的新型城市规划研究 [J].环境工程,2020,38(10):259.

[92] 胡佩.低碳经济条件约束下湖北省产业结构调整研究——基于财政引导视角 [J].财会通讯,2020(20):139-142.

[93] 孙亚静,安佳,侍术凯.产业结构调整视角下吉林省低碳经济发展研究 [J].税务与经济,2020(05):103-108.

[94] 马大来.供给侧结构性因素对长江经济带低碳经济增长效率的影响研究 [J].生态经济,2020,36(07):61-68+76.

[95] 余壮雄,陈婕,董洁妙.通往低碳经济之路:产业规划的视角 [J].经济研究,2020,55(05):116-132.

[96] 孙群英,朱震锋,曹玉昆.低碳经济视域下中国省级区域绿色

创新能力评价分析——以黑龙江省为例 [J]. 林业经济, 2019, 41（11）: 34-42.

[97] 李金栋. 低碳经济视角下中国绿色金融发展研究 [J]. 财会通讯, 2019（29）: 44-48.

[98] 柳键, 涂建, 程会兵. 基于 3 阶段 DEA 的中国区域低碳经济发展绩效评价研究 [J]. 江西师范大学学报（自然科学版）, 2019, 43（05）: 518-525.

[99] 陈志恒, 刘欣博. 中国参与低碳经济全球博弈的战略选择 [J]. 社会科学战线, 2019（08）: 243-247.

[100] 陈翠芳, 李小波. 生态文明建设的主要矛盾及中国方案 [J]. 湖北大学学报（哲学社会科学版）, 2019, 46（06）: 22-28.

[101] 黄承梁. 中国共产党领导新中国 70 年生态文明建设历程 [J]. 党的文献, 2019（05）: 49-56.

[102] 黄鹤. 国外生态文明建设典型模式研究 [J]. 齐齐哈尔大学学报（哲学社会科学版）, 2019（08）: 62-64.

[103] 魏丽郦. 低碳经济下生态效率的困境与优化路径 [J]. 智库时代, 2018（39）: 1-2.

[104] 张庆阳, 郭明佳, 赵洪亮, 刘国维. 国外生态文明样板城市经验及其启示（下）[J]. 城乡建设, 2017（20）: 71-73.

[105] 张庆阳, 郭明佳, 赵洪亮, 刘国维. 国外生态文明城市探索经验（上）[J]. 城乡建设, 2017（19）: 64-67.

[106] 王珞珈, 董晓峰, 刘星光, 尹辉. 旅游产业与生态文明城市发展协调关系的定量研究——以敦煌市为例 [J]. 生态科学, 2017, 36（04）: 194-201.

[107] 张董敏, 齐振宏, 罗丽娜, 万文彬, 左志平. 湖北省生态文明水平现状、趋势推演及空间分异研究——基于乘法集成赋权法 [J]. 农业现代化研究, 2016, 37（04）: 649-656.

[108] 王雪松, 任胜钢, 袁宝龙. 我国生态文明建设分类考核的指标体系和流程设计 [J]. 中南大学学报（社会科学版）, 2016, 22（01）: 89-97.

[109] 秦军, 唐华一. 技术创新推动低碳经济发展的机理研究 [J]. 生态经济, 2015, 31（09）: 39-42.

[110] 杨圣勤, 李彬. 德国发展低碳经济对我国的启示 [J]. 对外经

贸,2014（06）：33-34.

[111] 李海龙.国外生态城市典型案例分析与经验借鉴 [J]. 北京规划建设,2014（02）：46-49.

[112] 刘妮雅,胡叶星寒.河北省低碳经济评价指标体系的构建及实证研究 [J]. 价值工程,2013,32（20）：21-23.

[113] 卢现祥,李程宇.发展低碳经济的全球合作：矛盾与国际制度创新 [J]. 云南财经大学学报,2013,29（02）：106-113.

[114] 张素蓉.论农业文明的历史演进与近代转型 [J]. 求索,2012（10）：214-216.

[115] 吴勇.从美、日、欧经验探索我国低碳经济实现路径 [J]. 生态经济,2011（12）：85-88.

[116] 姜启亮,吴勇.从发达国家经验看中国低碳经济实现路径 [J]. 改革与开放,2010（24）：97-99.

[117] 刘嵘,徐征,李悦.低碳经济评价指标体系及实证研究——以河北省某县为例 [J]. 经济论坛,2010（05）：37-41.

[118] 陈岩,王亚杰.发展低碳经济的国际经验及启示 [J]. 经济纵横,2010（04）：102-106.

[119] 汪秀琼,彭韵妍,吴小节,李双玫.中国生态文明建设水平综合评价与空间分异 [J]. 华东经济管理,2015,29（04）：52-56+146.

[120] 庄贵阳.中国经济低碳发展的途径与潜力分析 [J]. 国际技术经济研究,2005（03）：8-12.